圖解範例版

為什麼聰明人都用
方格筆記本？

WHY DO SMART PEOPLE USE SQUARED NOTEBOOKS?

高橋政史／著　謝敏怡／譯

台日讀者好評持續不斷！

我學習過心智圖法等各種筆記術，但仍不擅長邏輯式思考。這本書如撥雲見日般一解我心中的疑惑！

（34歲，男性，IT公司老闆）

康乃爾大學、麥肯錫顧問的祕密武器
附贈
黃金3分割
方格筆記本
立刻對照練習！
為什麼聰明人都用方格筆記本？
《日經Business Associe》雜誌專文介紹！熱銷15萬冊，各界好評不斷

討厭讀書的我，竟把這本書讀了兩遍。疏通我思緒如麻的大腦，這種舒暢的感覺真好！

（26歲，女性，上班族）

讓你的能力大躍進！

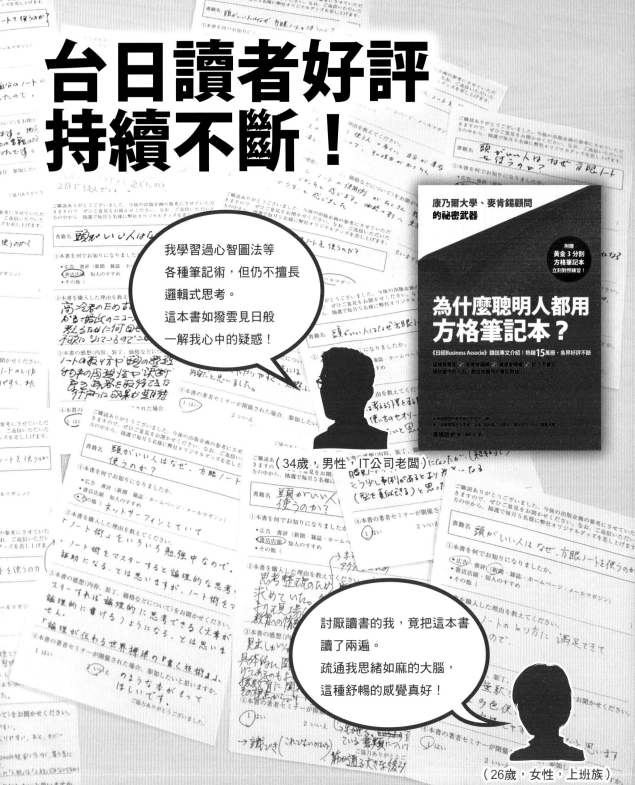

從小學生到考生、主婦、商務人士，
乃至87歲的年長者，都是本書忠實讀者。

熱銷中！

商業周刊1418期選書推薦．博客來網路書店商管理財類Top1．誠品書店財經商業類Top1．金石堂書店財經類Top1．經理人月刊網站熱烈點閱

日本媒體《日經Business Associe》《日經WOMAN》專文介紹

- ●有鄰堂 淀橋AKIBA店 銷售排行第一名 商業類5/18~5/24
- ●紀伊國屋書店 札幌總店 銷售排行第一名 社會、政治類7/7~7/13
- ●三省堂書店 品川車站店 銷售排行第一名 經營、商業類7/7~7/13
- ●蔦屋書店 AEON購物中心 幕張新都心 銷售排行第一名 商業類7/7~7/13
- ●AMAZON.co.jp® 銷售排行第一名 邏輯思考類7/16
- ●熊澤書店　大手町店 銷售排行第二名 商業類5/26~6/1
- ●三省堂書店 名古屋高島屋店 銷售排行第三名 商業類6/9~6/15
- ●丸善＆淳久堂書店 梅田店 銷售排行第五名 商業類6/2~6/8
- ●淳久堂書店 三宮店 銷售排行第六名 商業類6/2~6/8
- ●丸善 博多店 銷售排行第六名 商業類7/6~7/12

校內考試排名
從137名提升到50名！
看見自己無限的可能性。

（16歲，女高中生）

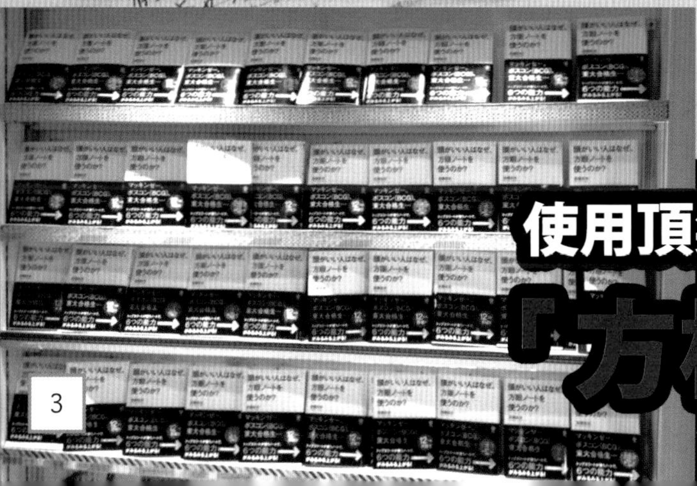

使用頂尖菁英愛用的
「方格筆記本」，

麥肯錫顧問公司、波士頓顧問公司、
外商顧問、東大生……
每個聰明人都用「方格筆記本」。

究竟是為什麼呢？

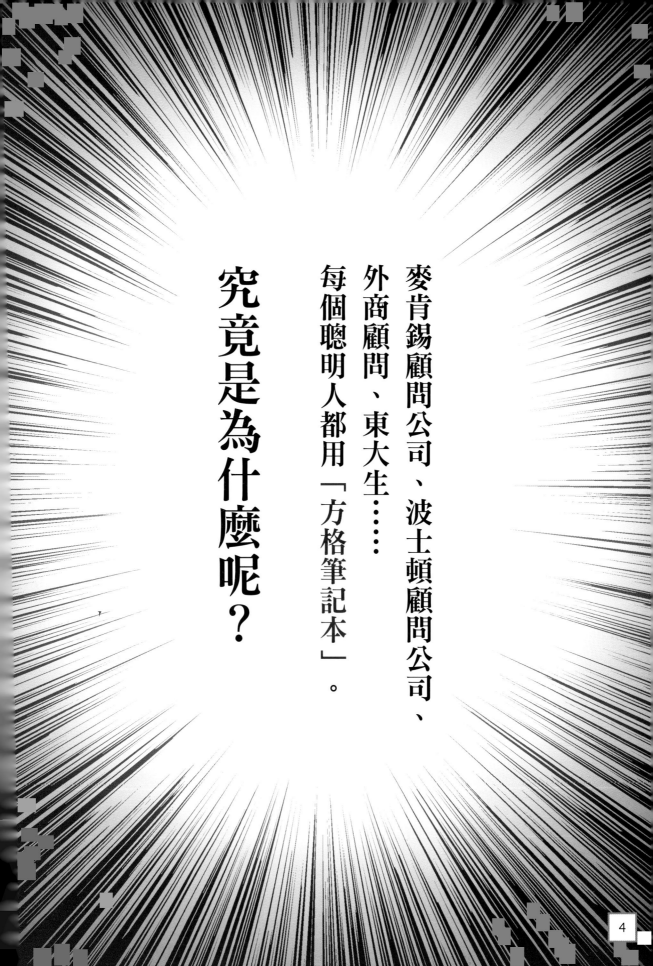

因為使用方格筆記本
有助於「整理思緒」。

寫下條理分明的筆記，
不但可以清楚整理腦袋中的想法，
也使念書或工作變得更有趣且順心。

如果你讀書不得要領，
那是因為學校的老師沒有教你「做筆記的方法」。
如果你明明一直都很努力，
也學習了記憶術、速讀術或邏輯思考法等各種方法，
卻覺得工作績效仍差強人意，

那並不是你的「能力」有問題，
問題可能出在你的「筆記」上。

Q 你的筆記是不是長得像這樣呢？

即使反覆閱讀也無法重現內容的「雜亂筆記」

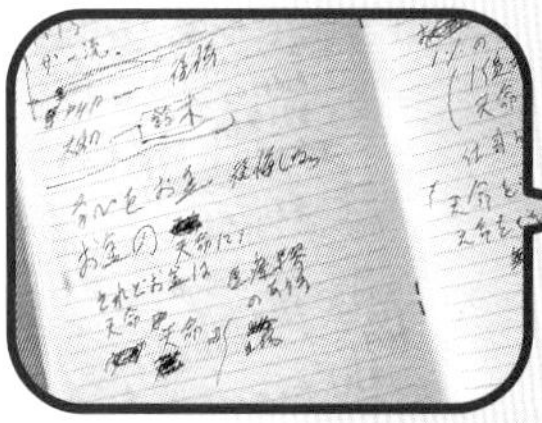

那個也寫、這個也抄的「肥胖筆記」

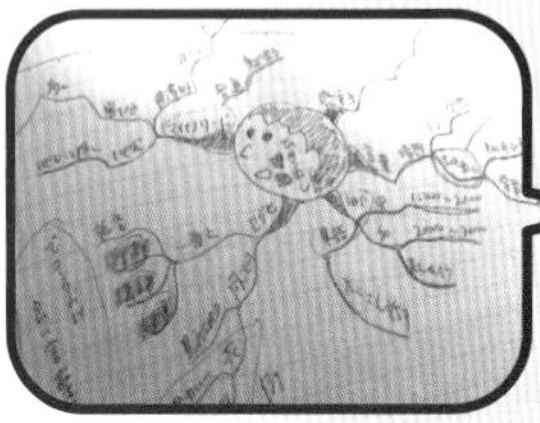

A6以下，日誌本尺寸的「小筆記本」

沒有留白、沒有縫隙的「無縫隙筆記」

符合上述任何一種情況的人，無論讀書或工作再怎麼努力都會徒勞無功。現在就改變做筆記的習慣吧！

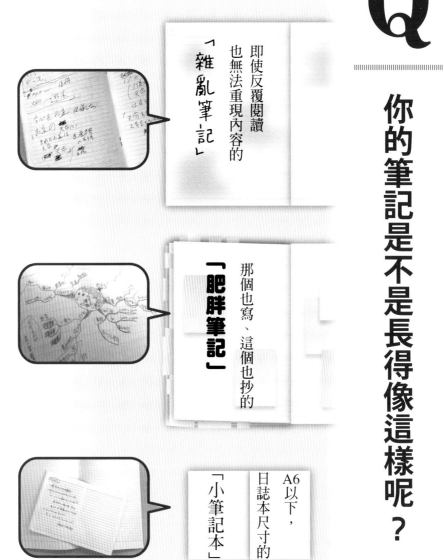

這本書彙整了使用「方格筆記本」
讓頭腦變聰明的方法。
學習如何使用方格筆記本，
讓你做出有下列優點的筆記：

- ●井然有序
- ●不會遺忘
- ●3秒重現

正確地使用「方格筆記本」，可以改變你的人生。

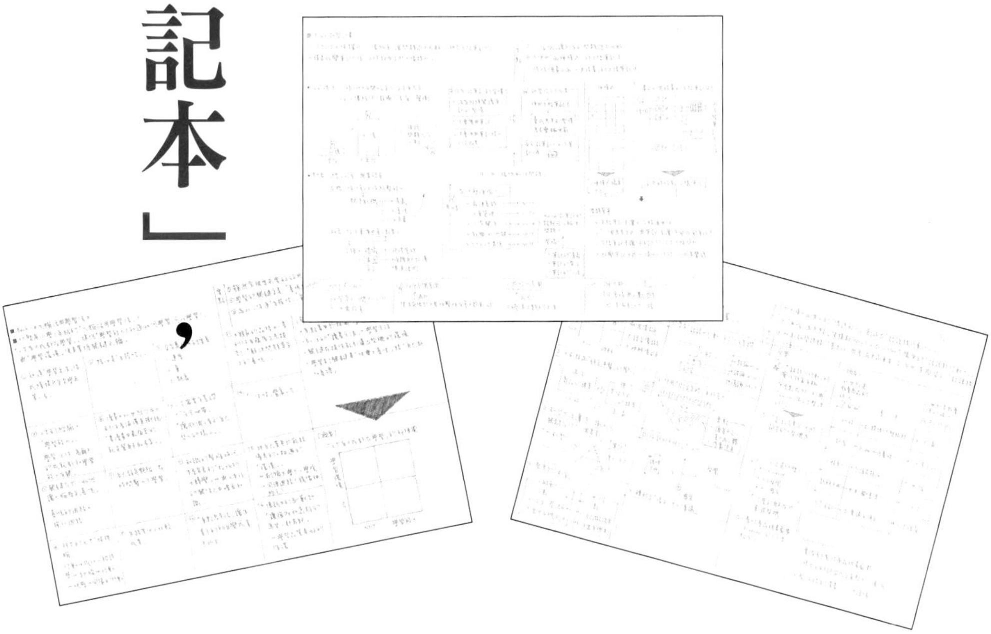

麥肯錫顧問跟康乃爾大學都在用的「方格筆記本」

為什麼聰明人都用方格筆記本？

外商顧問、康乃爾大學生……這些聰明人為何都用方格筆記本呢？

那是因為方格筆記本的直橫線可以作為輔助線，方便畫圖表，因此做出來的筆記具有視覺效果，看一眼馬上就可以理解。

使用方格筆記本，有以下六大優點：

①提升記憶力。
②有助於邏輯思考。
③提升解決問題的能力。
④簡報更得心應手。
⑤增加動力。
⑥提升學習能力。

如果學生改變筆記習慣，便能提高學習效率，成績明顯進步，考上更好的學校！入學考試合格！如果是商務人士改變筆記習慣，則能夠大幅縮短製作資料與開會的時間。

我們究竟為何要使用筆記本

各種類型的方格筆記本

1 有輔助虛線的「方格筆記本」
輔助虛線型
通稱：京大筆記本

2 採用康乃爾大學筆記法的「方格筆記本」
康乃爾型

3 畫有點線的「方格筆記本」
點線型
通稱：東大筆記本

4 有淡藍色輔助虛線的「方格筆記本」
輔助虛線型

5 大家最熟悉的「方格筆記本」
標準型

6 標題＋便於畫分空間的「方格筆記本」
功能型

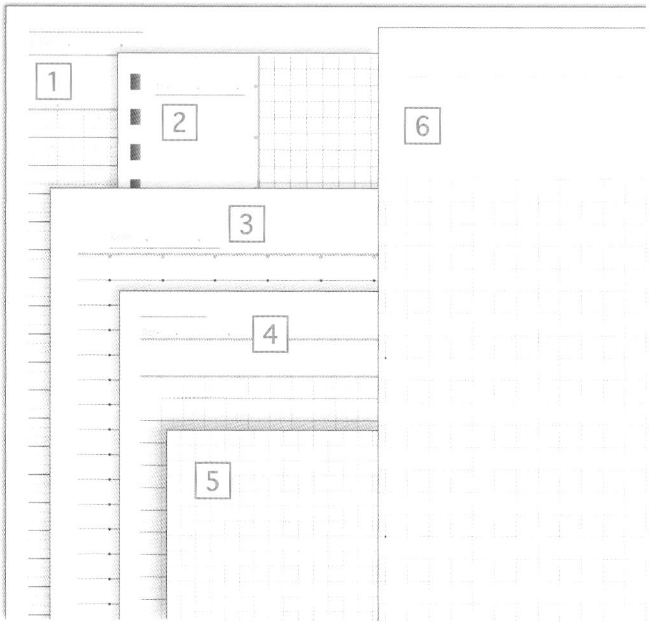

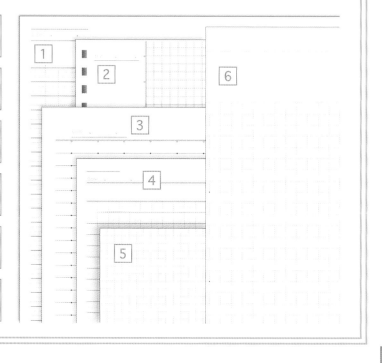

聰明人的筆記遵循這三大原則

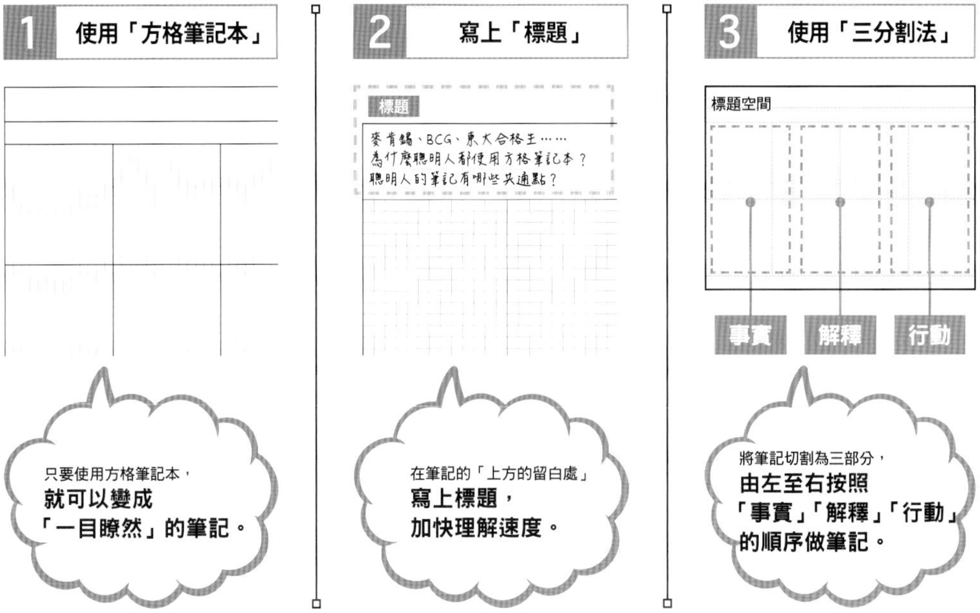
1 使用「方格筆記本」
2 寫上「標題」
3 使用「三分割法」
標題
麥肯錫、BCG、東大合格生……
為什麼聰明人都使用方格筆記本？
聰明人的筆記有哪些共通點？
標題空間
事實
解釋
行動
只要使用方格筆記本，
就可以變成
「一目瞭然」的筆記。
在筆記的「上方的留白處」
寫上標題，
加快理解速度。
將筆記切割為三部分，
由左至右按照
「事實」「解釋」「行動」
的順序做筆記。

呢？

為了學校的學習，為了考試，為了找工作，為了工作所需……人生中有許多場合都需要使用筆記本，然而本書中活用筆記本的目的只有一個，那就是為了——改變人生。

改變人生，就從改變你的筆記開始

隨著人生進入不同階段，我們也必須配合「讓筆記本進化」。

例如，某個考生為了考上東大，朝著人生下一個階段前進，整理出漂亮的筆記，進化成「易於閱讀」的筆記。而社會新鮮人進入如麥肯錫等外商顧問公司的同時，將筆記本更換成「方格筆記本」的理由也相同。

如果你想要考上第一志願或是進入夢寐以求的企業工作，或即將成為社會人士，或作為商務人士，希望往更高的層級提升，或是希望從基層員工升為管理階層，就應該改變你的筆記。

那麼，該如何改變筆記呢？

答案很簡單，就是「使用方格筆記本，寫上標題，使用三分割法」。這就是本書將介紹的「讓你變聰明的方格筆記本三大法則」。

只要每天依循這簡單的三大法則書寫筆記，就能加快大腦的思考速度，學習與工作的效率將會有巨大的改變。

本書將依據此三大原則介紹「方格筆記本」的具體使用方法。

不用強求一定要做到一百分。只要依照自己的步調，從能力所及的範圍開始，一一熟練這些原則。當你回過神來，就會發現自己在某個地方發生了很大的改變！那正是方格筆記本改變你人生的瞬間。

如果透過本書，你能開始每天使用「方格筆記本」，在你拓展嶄新的人生新舞台時有所貢獻，我也感到於有榮焉。

圖解範例版

為什麼聰明人都用方格筆記本？

Chapter03 人生基本功！掌握「學習筆記」的精髓！

Chapter04 「工作筆記」捨棄不必要資訊，快速導出結論！

Chapter05 精通「簡報筆記」，一生受用的武器！

【圖解範例版】才有的24個應用例和7個方格魔法，讓你徹底掌握並運用方格筆記本！

透過24個應用例學習

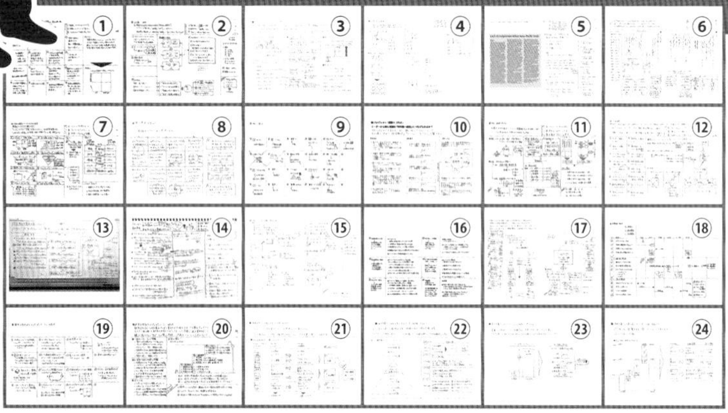
①
②
③
④
⑤
⑥
⑦
⑧
⑨
⑩
⑪
⑫
⑬
⑭
⑮
⑯
⑰
⑱
⑲
⑳
㉑
㉒
㉓
㉔

透過 24 個應用例，理解方格筆記本使用的小撇步，運用到學習與工作上吧！

方格魔法 Magic 7　方格筆記本，馬上可用！

超實用的七個方格魔法！

- Magic 1　簡潔有力的「架構」效果
- Magic 2　3 秒重現！謄寫至筆記上
- Magic 3　使用方格筆記本聰明做筆記
- Magic 4　讀書心得三大步驟
- Magic 5　簡單、爽快！待辦清單
- Magic 6　方格筆記術兩大步驟
- Magic 7　魔擦筆魔法！

利用單行本學習

《為什麼聰明人都用方格筆記本？》

閱讀完圖解範例版後，也請閱讀單行本！ 224 頁的篇幅更加詳細地介紹「方格筆記法」！

康乃爾大學、麥肯錫顧問
的祕密武器
附贈
黃金 3 分割
方格筆記本
立刻對照練習！
為什麼聰明人都用
方格筆記本？
《日經Business Associe》雜誌專文介紹！熱銷15萬冊，各界好評不斷

【圖解範例版的閱讀指南】

為理解讓頭腦變聰明的方格筆記本的「基本」，請先閱讀 Chapter 1、Chapter 2、Chapter 3。依照你目前的階段，強化所需的筆記技能。然後，閱讀應用例與方格魔法，馬上挑戰看看！掌握方格筆記本的方法很簡單，「以吃點心般的心情來嘗試」「先試一個方法也好」，務必按照你的步調實踐看看。

Why do smart people use squared notebooks?

Chapter01

想改變人生，就從改變「筆記本」開始！

01

讓頭腦變聰明的筆記 VS. 無法發揮能力的筆記

筆記是提高能力的戰略工具。
只要改變筆記方法，就可獲得前所未有的成果。

筆記本可分為「兩種」使用方式

無法發揮能力的筆記	讓頭腦變聰明的筆記
×第一印象雜亂，完全不想再看第二遍	◎一目瞭然，簡潔清爽
× A6 尺寸以下，類似日誌本的小尺寸筆記本	◎ A4 尺寸以上大小
×使用 4 種以上的顏色書寫	◎書寫用筆的顏色為三色以內
×亂無章法地把所有東西都寫到筆記裡	◎一頁內只寫一個主題
×一字不漏地抄寫黑板跟白板上的內容	◎整理黑板、白板上的資訊，再做成筆記
×筆記密密麻麻，完全沒有留白	◎留下足夠的空白
×沒有圖表跟插圖，只有文字	◎有許多圖表和插圖
×重看時無法重現當時情景	◎再次閱讀筆記時能重現當時的內容

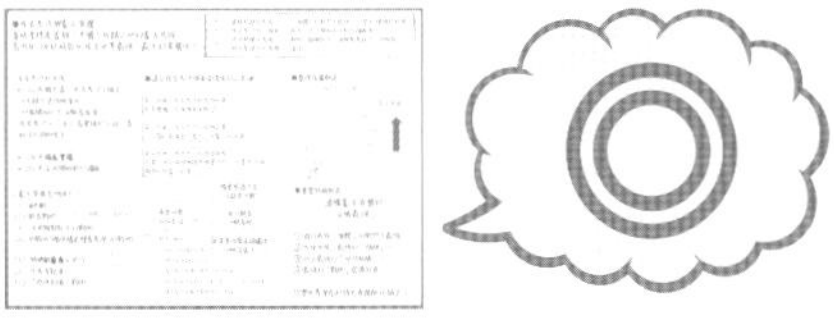

砸大錢進修前，先改變「無法發揮能力的筆記」

如果你覺得「我明明就很努力了，卻總是沒有成效……」，那並不是你的「能力」有問題，問題可能出在你的「筆記」上。

筆記本有兩種類型：「讓頭腦變聰明的筆記」跟「無法發揮能力的筆記」。

你是否正在考慮參加提升技能的研習課程？如果你有孩子，是否正思考要增加孩子的補習時數？如果你有這樣的想法，在下決定之前，不妨先試著挑戰改變筆記方式吧！

筆記是用來提升學習或工作效率、引發潛能的戰略工具。然而，為何有這麼多人仍持續使用「無法發揮能力的筆記」呢？

唯一的原因就是——從來沒有人教過筆記本的使用方法。

Point 你一定要知道的重點

1. 99%的人「從未學習過筆記本的使用方法」。
2. 先從改變「無法發揮能力的筆記」做起。
3. 改為使用讓頭腦變聰明的筆記。

學校或公司都不會教你的重要技能

你是否曾被教導過如何使用筆記本呢？高達99%的人不曾學過如何做筆記，相對的，日本東大生中曾被學校、補習班老師或父親教導過筆記本使用方式的，則不在少數。

成為外商顧問的新鮮人，會從上司手中拿到「方格筆記本」，由上司批改筆記，每天磨練筆記技巧。

頭腦聰明的人，大多學習過筆記本的使用方法。

頭腦好的人、會讀書的人和工作能力好的人，在某個階段就會脫離「無法發揮能力的筆記」，轉而使用「讓頭腦變聰明的筆記」。

頭腦聰明的人大多學習過「筆記本的使用方法」

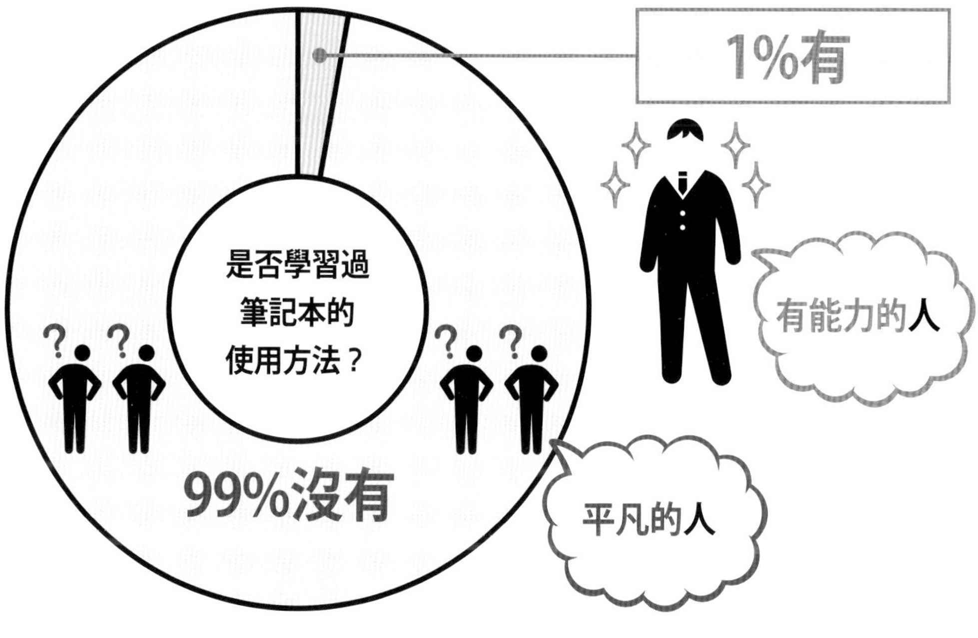

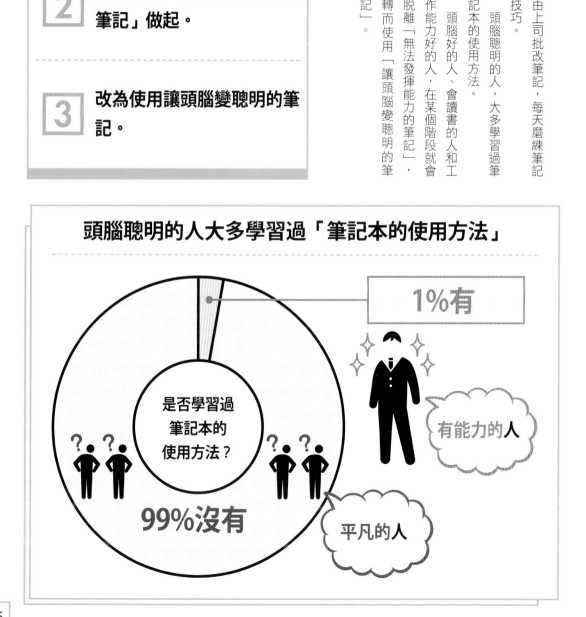

02

筆記的命脈繫於有無「重現性」

如果你的筆記無法重現學過的內容，原因就出在「重現性」。
改變做筆記的方式，你的能力也會顯著提升。

寫出能夠重現學習內容的筆記

無法重現知識的筆記，就跟垃圾一樣，這是我老師的名言。這句話的意思是，即使再怎麼努力用功，如果做出來的筆記沒有重現性，也只是浪費時間罷了。

成為社會人士之後，有人投資高額的進修費用，參加邏輯思考的進修課程、或是提升工作效率的技巧、潛能開發的講座，也有人是參加速讀法或記憶法的講座。當然，這些努力都不會白費工夫。

但是，在砸錢進修之前，是否具備寫出「能夠重現學習內容的筆記」是重要的先決條件。

筆記的核心概念是「重現性」。

如果你覺得「無法將所學融會貫通，變成屬於自己的東西」，不是因為你的能力差，也不是你缺乏決心、努力不夠所造成的。原因出在筆記上。

筆記的核心概念是「重現性」

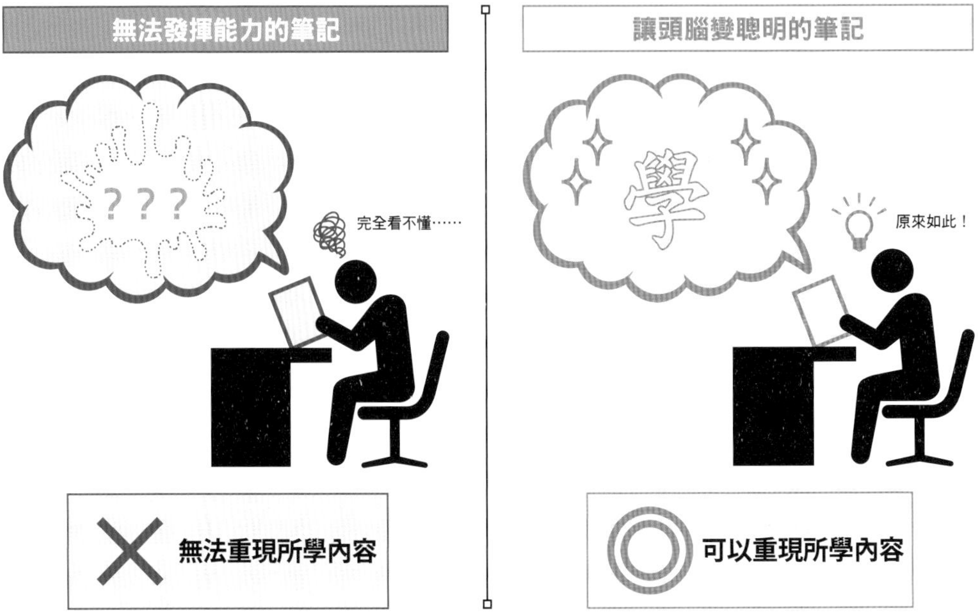
無法發揮能力的筆記
???
完全看不懂……
無法重現所學內容
讓頭腦變聰明的筆記
學
原來如此！
可以重現所學內容

這樣的筆記習慣會害到你！

不自覺地抄寫筆記的習慣
寫下來
寫下來
一字不漏抄寫黑板、白板的內容
總之先寫下來！
寫寫寫！
怕忘記所以記錄下來
啊！要是忘記就糟糕了！

思考做筆記的目的，以及如何活用筆記，是撰寫筆記時的要點！

Point 你一定要知道的重點

1. **筆記的核心概念是「重現性」。**
2. **學習撰寫「可以重現所學內容的筆記」。**
3. **當筆記的重現性提高時，你的能力和成果也會顯著提升。**

做筆記時必須思考目的與如何運用

比起「參加什麼講座」，重要的是「如何靈活地重現，並運用講座所獲得的知識與技巧」。

不好的筆記無法重現學習內容，而阻礙了你發揮潛能，讓你無法提升自己的能力。

改變筆記方法，能力也會改變。思考做筆記的目的，以及之後要如何活用筆記，能達成你期望的結果。「為避免忘記而做筆記。」「將黑板、白板的資訊一字不漏地抄寫下來。」「不自覺地抄寫筆記的習慣」，這樣的筆記習慣，就到今天為止。筆記的核心概念是「重現性」。當筆記的重現性提高時，你的能力也會明顯提升。

03

錯誤的筆記方法，讓你離成功越來越遠

如果持續有問題的筆記習慣不改，往後會造成各種問題，也會讓你離成功越來越遠。請確認自己的筆記是否為這6種「無法發揮能力的筆記」。

放任有問題的筆記習慣，對你的人生有害

有些人可能會想：「現在才修正做筆記的方式，也不會有太大的改變了吧？」

但就像每天的飲食會影響健康，你每天都做筆記，如果放任筆記一直維持現狀，長時間下來，在各方面都會有負面影響。

持續有問題的筆記習慣，不但會讓自己無法發揮能力，隨著掩蓋能力的筆記的負面影響，甚至會讓能力更加低落。

如果持續採用錯誤的筆記方法，會使腦袋的運作產生缺陷，讓學習到的知識、經驗，甚至是花費的時間全部化為烏有，可能錯失大好良機。

無法發揮能力的筆記六大負面例子

左圖是無法發揮能力的筆記案

「無法發揮能力的筆記」的負面影響

無法發揮能力
我的能力只有這樣……
能力
能力
能力不斷降低
嗚……
所有的努力全部化為烏有
明明努力讀了這麼多……
錯失大好良機
完全不行啊……
機會
揮棒

「無法發揮能力的筆記」的例子

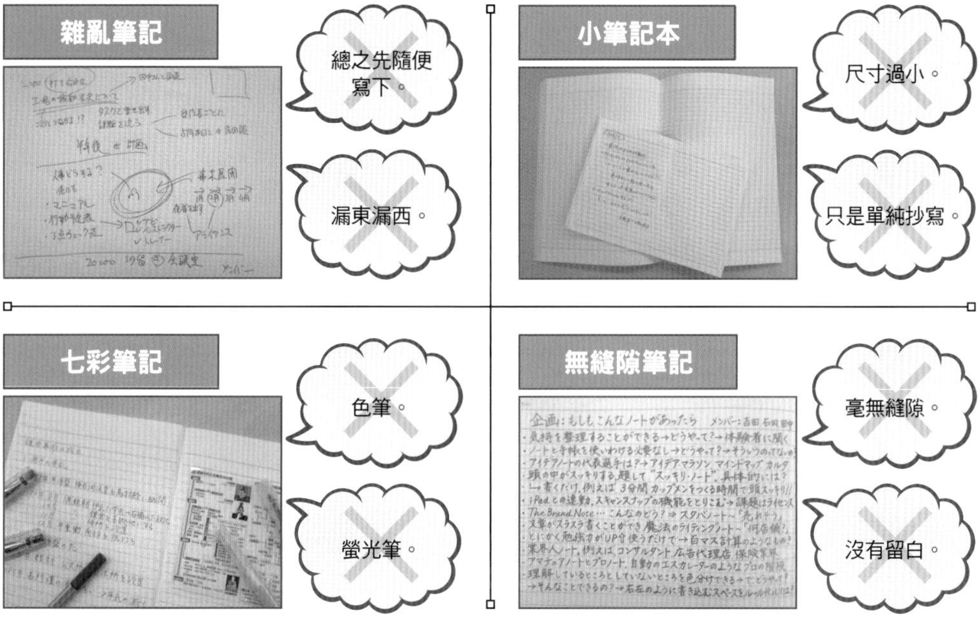
雜亂筆記
總之先隨便寫下。
漏東漏西。
小筆記本
尺寸過小。
只是單純抄寫。
七彩筆記
色筆。
螢光筆。
無縫隙筆記
毫無縫隙。
沒有留白。

例。

①給人的第一印象是雜亂，完全不想要看第二遍的「雜亂筆記」↓降低理解力、動力。

②A6以下，日誌尺寸，沒有思考空間的「小筆記本」↓無法培養思考複雜事物的能力、邏輯思考能力。

③使用4種以上顏色書寫的「七彩筆記」↓無法養成決定優先順序的能力、判斷能力。

④那個也寫、這個也抄的「肥胖筆記」↓降低捨棄事物的決斷能力、整理能力。

⑤沒有留白，寫得密密麻麻、沒有空隙的「無縫隙筆記」↓降低理解速度、復習能力。

⑥重看時無法重現當時內容的「虛有其表的漂亮筆記」↓降低學習、理解能力。

Point 你一定要知道的重點

1 **放任有問題的筆記習慣不改，長時間下來對你的人生有害無益。**

2 **持續錯誤的筆記方法，會讓你所有的努力化為烏有。**

3 **為掌握人生的良機，改變做筆記的方式吧！**

「聰明人」都用方格筆記本

康乃爾大學生與外商顧問大多使用方格筆記本。
使用方格筆記本提升資訊彙整能力，讓你的頭腦越來越清晰、聰明。

方格筆記本能條理分明地彙整資訊

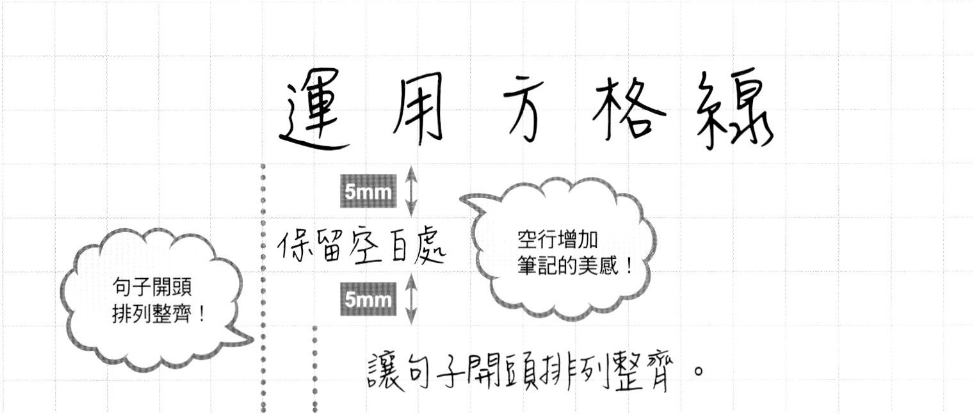
運用方格線
5mm
保留空白處
5mm
空行增加
筆記的美感！
句子開頭
排列整齊！
讓句子開頭排列整齊。

①可以漂亮留白。
②開頭、段落排列整齊。
③行間取得平衡。
④可以調整字體大小。
⑤能抄寫整齊易讀的文字。

方格筆記本能井然有序地書寫筆記，漂亮地彙整資訊

「頭腦好的人」跟普通人之間的差異，除了記憶力以外，就在於「資訊的統整能力」。頭腦好的人，腦袋總是不斷地進行「統整」。

康乃爾大學生所寫的筆記可以直接當作參考書，一目瞭然、容易理解。外商顧問寫的筆記是統整過的重點筆記，可以直接當作簡報素材使用。

他們共同之處在於，都使用「方格筆記本」。你可以靈活運用方格筆記本的橫線與直線，

- 保留充足的空白處。
- 對齊第一行。
- 可調整行間與字型大小。

如此，可以輕鬆書寫，簡單且整齊地整理筆記。

第一行、小標題等內容的開頭排列整齊，會使筆記變得乾淨俐落。

Point 你一定要知道的重點

1. **頭腦好的人，腦袋總是不斷地進行「統整」。**

2. **使用方格筆記本，筆記會變得一目瞭然、井然有序。**

3. **使用方格筆記本，會強化資訊統整能力，讓頭腦變好。**

用方格筆記本，自然會變成視覺效果佳的筆記

方格筆記本因為有正方形的方格，便於繪製圖表，自然地會變成視覺效果佳的筆記。用一整頁繪圖時，也如空白筆記般使用順手。

另外，養成一個主題使用一個跨頁的習慣。方格筆記本不適合流水帳式的筆記方法，比較適合一個主題一個跨頁，重現性高的筆記格式。

方格筆記本能幫助理解，可以讓頭腦變好，具有激發潛能的功能。只要使用方格筆記本，就可以養成統整能力，強化思考能力，甚至是鍛鍊想像力。

方格筆記本讓你輕鬆繪製圖表

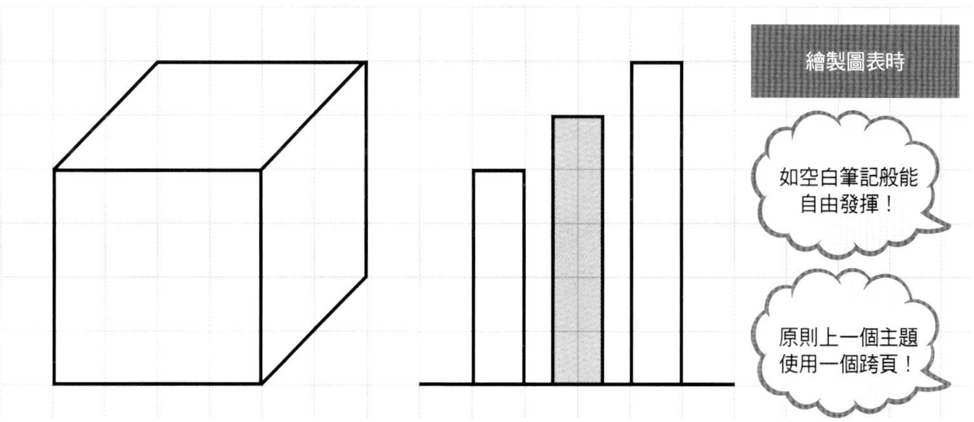
繪製圖表時
如空白筆記般能自由發揮！
原則上一個主題使用一個跨頁！

①能簡單描繪圖表。
②正確地描繪圖表。
③也能簡單配置外商顧問使用的邏輯圖解。

05

用方格筆記本改變「架構」，迅速統整資訊

如果有明確的架構，便可正確地思考並行動。
使用「方格筆記本」，誰都可以仿效外商顧問使用的架構。

「架構」決定了工作與學習的品質

「架構」決定頭腦的好壞。

「架構＝整理思考的書架」。

正如同沒有書架就無法整理書，若沒有畫分明確的「整理思考的書架＝架構」，就無法將所需的知識與資訊整理到架構中，必要時也沒辦法立即找出來使用。

思考敏捷、頭腦好的人，會將知識、資訊與想像整理至「架構」中。

使用不同的架構，會有不同的結果，外商顧問使用的架構就是「方格筆記本」，任誰都可以仿效學習。

正因為意識到架構的存在，才得以依循目的整理知識、資訊與構想。

使用方格筆記本的直線與橫線整理想法，無論在工作或學習都能獲得豐碩的成果。

使用「架構」整理想法

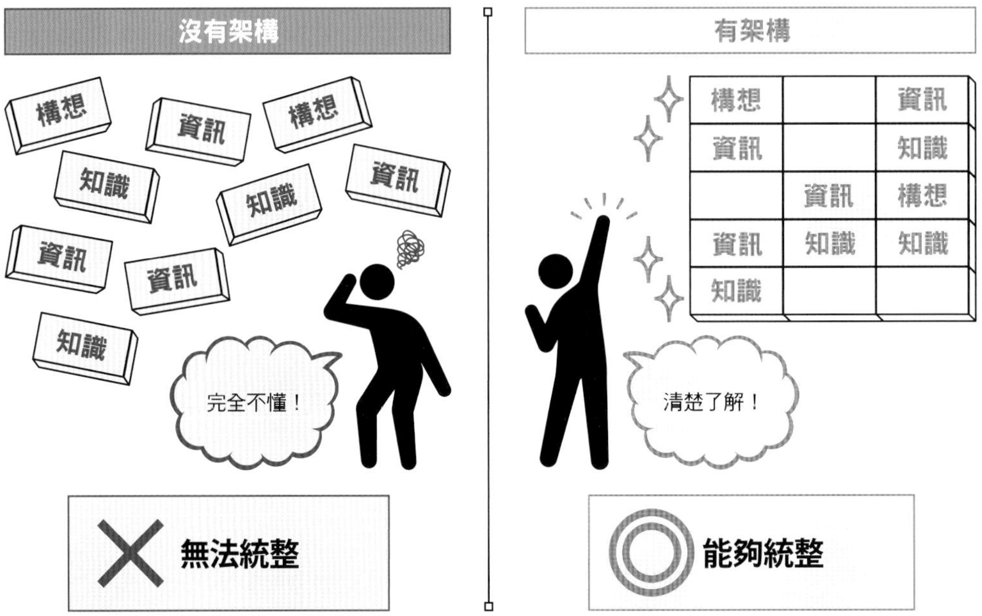
沒有架構
構想
資訊
構想
知識
知識
資訊
資訊
資訊
知識
完全不懂！
無法統整
有架構
構想
資訊
資訊
知識
資訊
構想
資訊
知識
知識
知識
清楚了解！
能夠統整

人的思考與行動會受到「架構」的影響

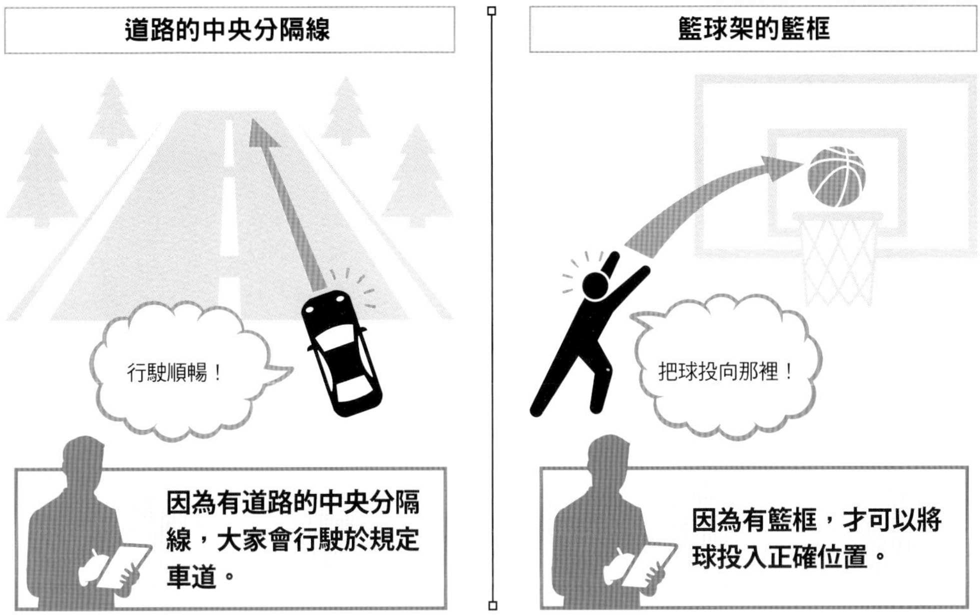
道路的中央分隔線
行駛順暢！
因為有道路的中央分隔線，大家會行駛於規定車道。
籃球架的籃框
把球投向那裡！
因為有籃框，才可以將球投入正確位置。

Point 你一定要知道的重點

1. 頭腦聰明的人，會將知識與資訊整理至「架構」中，並儲存起來。
2. 以方格筆記本的直線與橫線作為「原則」整理想法。
3. 人的思考與行動深受「架構」影響。

因為有架構，人們才得以正確地行動

人的思考與行動深受「架構」影響。

例如，道路上的「中央分隔線」。在開車時，因為道路的中央分隔線會映入眼中，大家都會在規定的車道上順暢行駛。

籃球架的籃框亦為同樣道理。因為看到有籃框，才可以將球投入正確位置。但如果沒有籃框這樣的架構，即便是職業選手，也無法將球正確地投入瞄準的位置。

中央分隔線與籃球架籃框這些實例，讓我們了解到：如果有明確的架構，人們便可以正確地思考並行動。

06

外商顧問掌握了什麼方格筆記本的訣竅？

方格筆記本是外商顧問公司的必備辦公用品。曾任麥肯錫日本分公司社長的大前研一因使用特別訂做的巨大方格筆記紙而聞名。

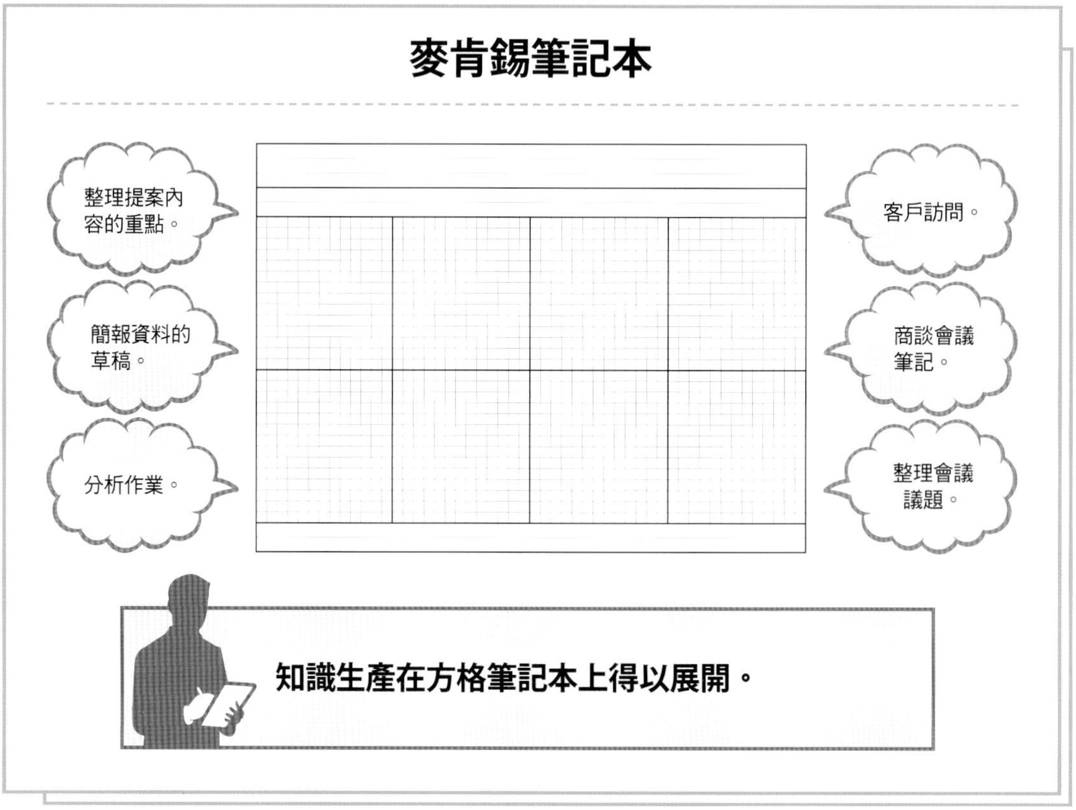
麥肯錫筆記本
整理提案內容的重點。
簡報資料的草稿。
分析作業。
客戶訪問。
商談會議筆記。
整理會議議題。
知識生產在方格筆記本上得以展開。

外商顧問的知識生產在方格筆記本上展開

截至目前，本書將學生與社會人士當作同一類別書寫。但嚴格來說，學生和社會人士的筆記有本質上的差異。

簡單來說，學生的筆記重視知識或資訊的「儲存」功能，而社會人士的筆記必須取捨資訊，重視「捨棄」的功能。

無論何種情況，**如果有架構或格式，便可以快速且有效率地進行；若沒有架構，則會使效率大幅下降**。最早意識到「架構」的重要性，並加以巧妙運用的，是麥肯錫等外商顧問公司。麥肯錫顧問公司使用自己研發的方格筆記本（簡稱「麥肯錫筆記本」）。

無論是會議或晤談，乃至分析作業或製作簡報資料，外商顧問總是「方格筆記本」不離身。

Point 你一定要知道的重點

1. 學生的筆記重視知識或資訊的「儲存」功能，而社會人士的筆記則重視「捨棄」的功能。

2. 若沒有架構，效率會大幅下降；有架構的筆記可以快速且有效率地進行。

3. 如外商顧問，讓知識生產在方格筆記本上展開。

前麥肯錫社長大前研一都用巨大方格筆記本

外商顧問的知識生產在方格筆記本上得以展開。

前麥肯錫日本分公司社長大前研一，以使用巨大方格筆記本而聞名。即便到現在，他也還是使用在麥肯錫時期特別訂製的A2尺寸（A4用紙，2x2＝4張並列尺寸，如報紙全開的大小）的巨大方格紙。

無論是客戶端的顧問諮詢或跟員工開會，他總是攤開那巨大的方格紙，在那上頭推展解決問題的點子，現場導出結論。

大多數的外商顧問就是這樣使用方格筆記本，現場就引導出解決客戶問題的點子。

外商顧問常用的「方格筆記本」類型

Okina 的 Project Paper
Project Paper
Project Paper
也有 A3 的尺寸
愛用者眾多
Nakabayashi 的邏輯思考筆記（Think Note）
Maruman 的
Mnemosyne 系列方格筆記本
波士頓顧問集團的辦公用品
L!FE 的 Clipper Paper
LIFE CLIPPER SECTION
L!FE
CLIPPER
CLASS
PAPER
100 SHEETS

Magic 方格魔法 1

簡潔有力的「架構」效果！架構優先原則！

善於整理的人，也善於做筆記。面對各種疑難雜症，「架構」讓你能迎刃而解。

- 無論是整理、學習或是工作，關鍵都在於「架構」。
- 首先，準備好架構。
- 有架構才有辦法整理。

沒有架構，
總之先放著……
亂糟糟的

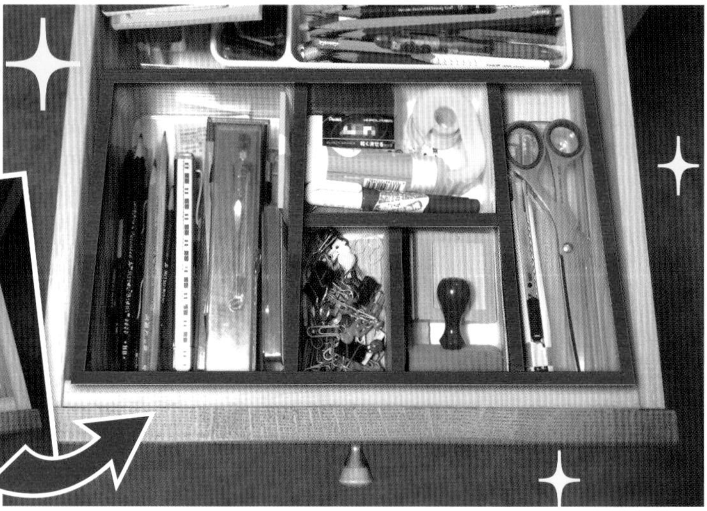

從無法發揮能力的「惡性循環」到「黃金循環」

「聰明人」善於「整理想法」。透過「架構效果」，無論是誰都可以變成有能力的人。「架構」能激發你的能力與自信！

■招致能力低落的「惡性循環」

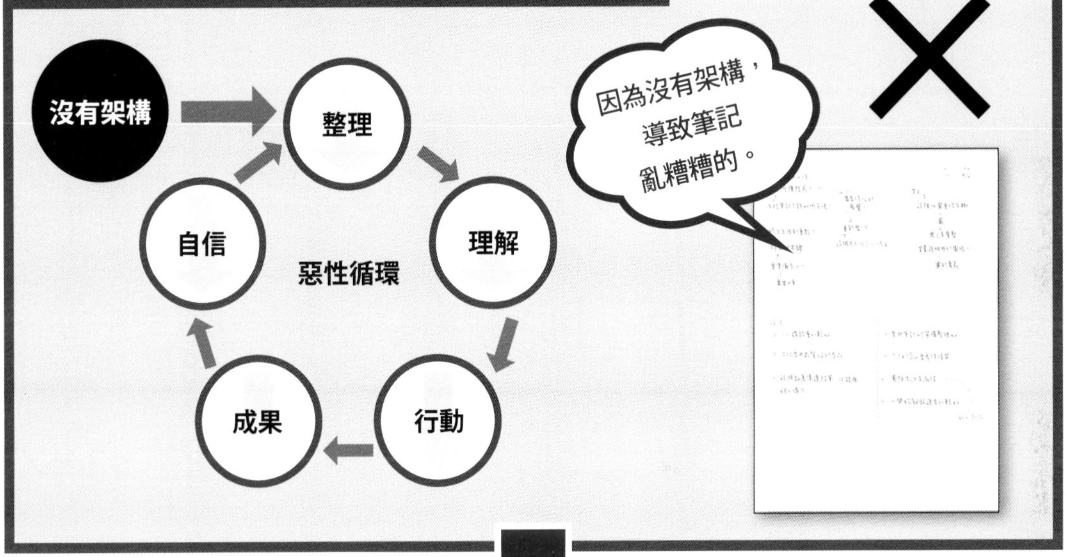

■讓頭腦變聰明的「黃金循環」

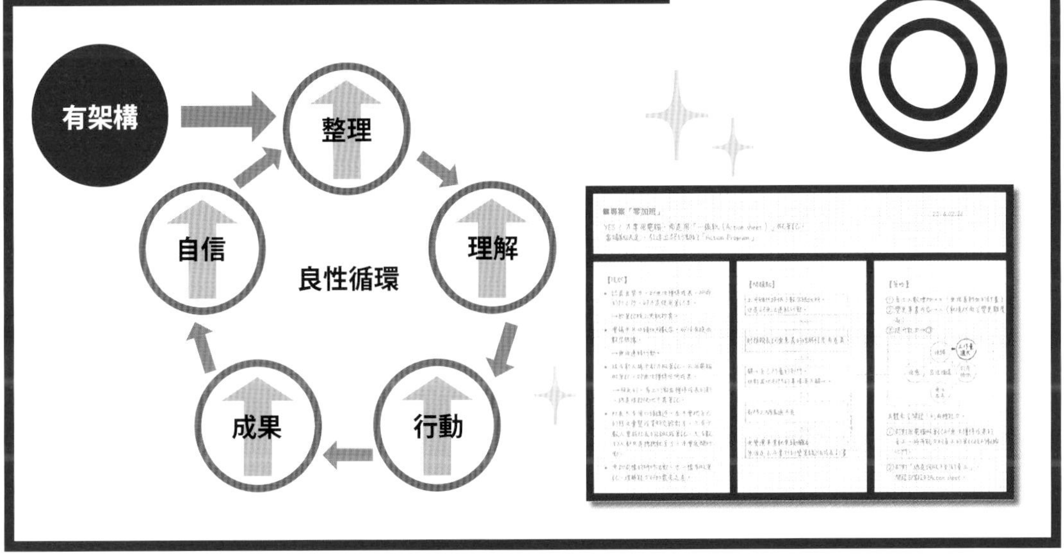

Chapter01

想改變人生，就從改變「筆記本」開始！

重點整理

Summary 01 錯誤的筆記方法，讓你無法發揮能力。

Summary 02 馬上改掉讓你無法發揮能力的筆記習慣。

Summary 03 撰寫能夠重現學習內容的筆記。

Summary 04 改變筆記方法，你的能力也會有所改變。

Summary 05 「聰明人」都用方格筆記本。

Summary 06 依循「架構」整理想法。

Summary 07 以方格筆記本的直線與橫線作為原則，整理想法。

Summary 08 使用方格筆記本，培養資訊統整能力。

Summary 09 改變筆記習慣，讓你不再錯失良機。

Why do smart people use squared notebooks?

Chapter02

為何麥肯錫顧問一定要用「麥肯錫筆記」？

01 「橫向」使用方格筆記本，能瞬間掌握要點

02 頂尖菁英都在用的「黃金三分割法則」

03 養成使用A4尺寸筆記本的習慣

04 學新聞報導，設定筆記的「標題」

05 最極致的筆記技巧：1萬張筆記法則

方格魔法 2 3秒重現！謄寫至筆記上

01

「橫向」使用方格筆記本，能瞬間掌握要點

不同的筆記本書寫方向會改變資訊的理解速度，改變學習與工作的效率。「橫向」使用方格筆記本，讓你的視野廣闊，瞬間抓住整體圖像。

每個畫面都是「橫向」

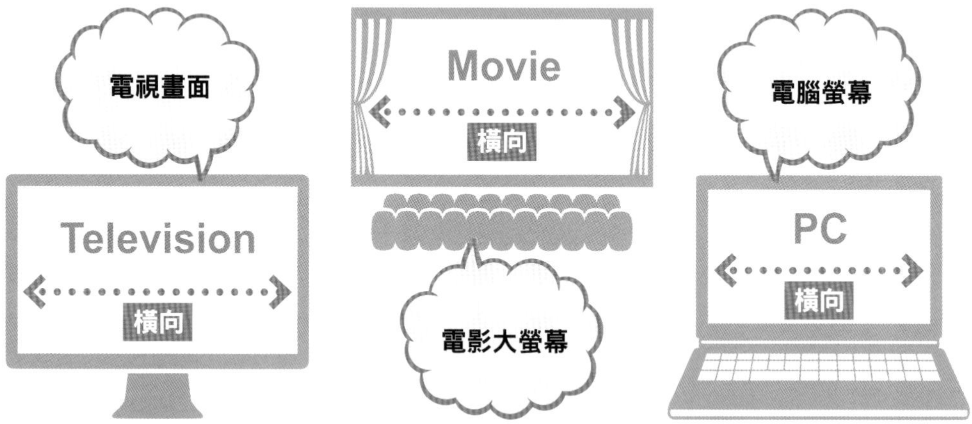
電視畫面
Television
橫向
Movie
橫向
電影大螢幕
電腦螢幕
PC
橫向

我們從「橫向」的畫面接收並彙整資訊。

從不同的方向使用筆記本，資訊的理解速度也會有所不同

你是以哪個方向使用筆記本呢？「縱向」？還是「橫向」？

實際上，從不同的方向使用筆記本，資訊的理解速度會有所不同，學習與工作的效率會有大幅度的變化。

外商顧問的思考模式是「見樹又見林」。他們能夠在掌握整體圖像（林）的同時，抓住要點（樹）思考。

要達到這種水準，前提是要「橫向」使用方格筆記本。

電視與電腦的畫面全部都是「橫向」，對吧？如果電腦畫面是縱向排列，你是不是覺得非常不協調呢？電影字幕也是「橫向」。因此即便是那樣大尺寸的字幕，也能整體映入視野之中，而且，正因為字幕是「橫向」排列，無論是只看部分或看整體，都可以理解一連串的故事。

Point 你一定要知道的重點

1. 人類的思考受到「眼睛結構」的影響。
2. 依據不同的筆記本架構，資訊的掌握或是理解速度會有顯著的不同。
3. 「橫向」使用方格筆記本，讓你的思考模式「見樹又見林」。

人類的思考受到「眼睛結構」的影響

為何不是縱向，而是「橫向」使用方格筆記本呢？那是因為人的思考受到「眼睛構造」的影響。

人類的「眼睛」是左右、橫向排列。比起縱向，橫向紙張的視野較為廣闊。

依據不同的筆記本架構，資訊的掌握或是理解速度會有顯著的不同。關鍵即為筆記的書寫方向，這就是無論是誰都可以「讓頭腦變好」的秘訣。

使用「橫向」且「好閱讀」的筆記習慣會影響你的人生，將左右你學習、工作與今後的知識生產活動。

現在就把你的筆記的方向從「縱向」改為「橫向」，實際去體驗視野一口氣變寬廣的感覺吧。

比起縱向，人類「橫向」的視野較為廣闊

「縱向」使用筆記本

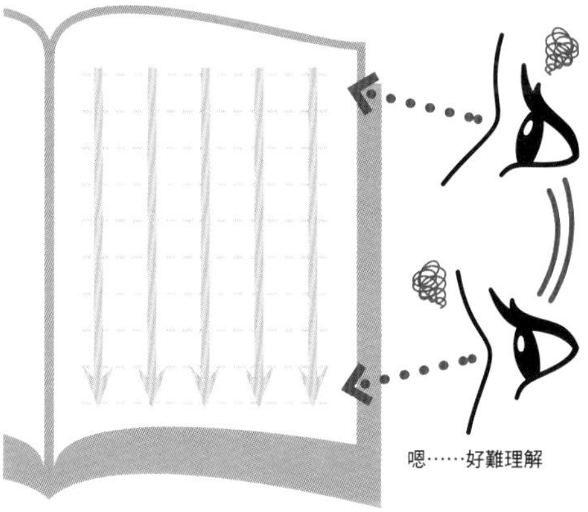
嗯……好難理解

✕ 不容易掌握整體圖像

「橫向」使用筆記本

喔！馬上就可以理解！

◎ 能瞬間掌握整體圖像

頂尖菁英都在用的「黃金三分割法則」

美國知名大學生、研究機構的研究人員、日本東大生，或外商顧問都使用黃金三分割法則做筆記。讓我們一探「黃金三分割法則」的秘密。

世界知名大學生的筆記都用三分割法

日本東大生的筆記本、美國知名大學或研究機構使用的「康乃爾筆記本」、麥肯錫的「麥肯錫筆記本」、同樣為外商顧問公司的埃森哲顧問公司使用的「重點表單」（Point Sheet），這些筆記本的共同架構就是「黃金三分割法則」。

大多數的東大生都將筆記本攤開跨頁使用。左側書寫板書，右頁的左半部寫下老師的評論或自己的察覺點、疑問點，右頁的右半部則寫下解決疑問點所需之行動，並歸納筆記內容。

康乃爾大學是美國首屈一指的知名大學，其心理學系所開發出來的康乃爾筆記本內頁預先畫分為「三個部分」，分別為「板書」空間、左側的「察覺點空間」跟最下面的「歸納空間」。

這個筆記本的結構能讓使用者養成習慣，依據「板書」↓「察

菁英都在用的「黃金三分割法則」

日本東大生的筆記

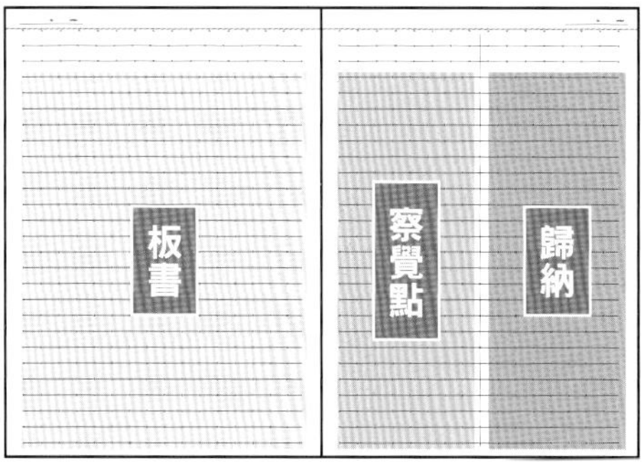

筆記本攤開跨頁使用，只寫一個主題。活用右側留白處的人，就能掌握學習的關鍵。

康乃爾筆記本

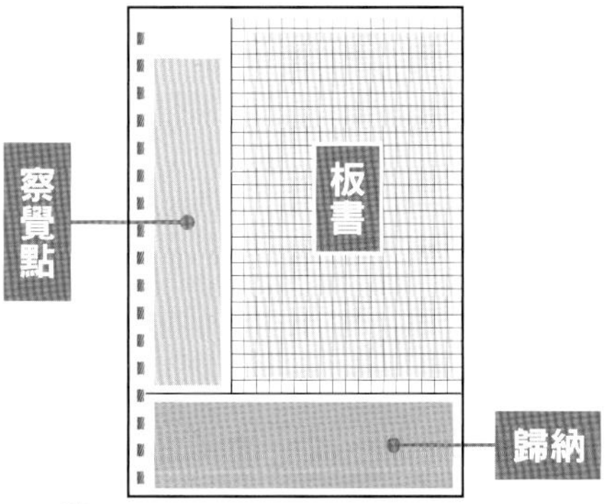

筆記本內頁預先畫分為「三個部分」為特點，是美國知名大學與眾多研究機構皆引進的筆記法。

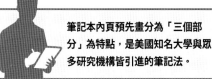

外商顧問的「黃金三分割法則」

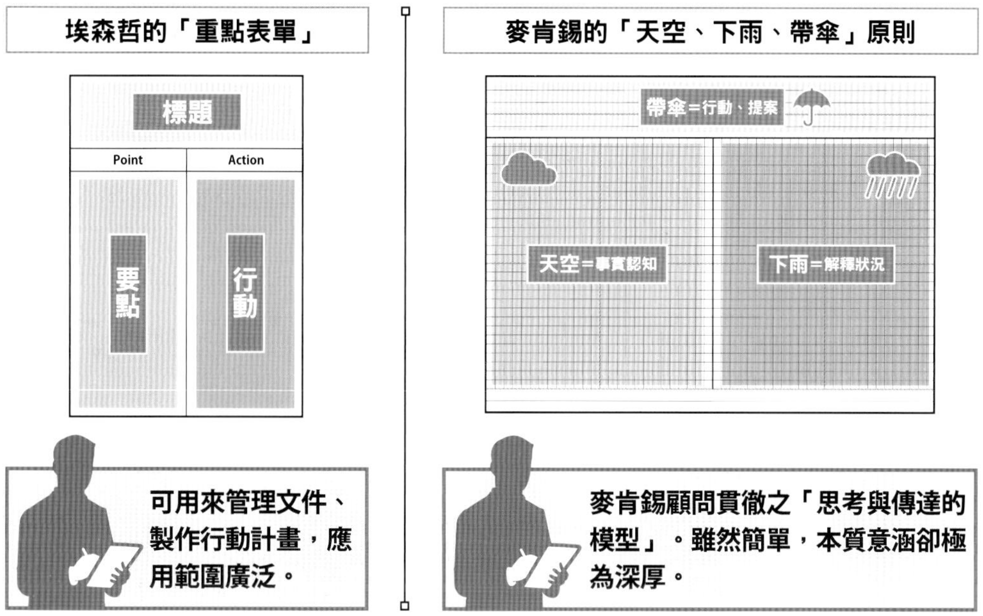
埃森哲的「重點表單」
標題
Point
Action
要點
行動
可用來管理文件、製作行動計畫，應用範圍廣泛。
麥肯錫的「天空、下雨、帶傘」原則
帶傘＝行動、提案
天空＝事實認知
下雨＝解釋狀況
麥肯錫顧問貫徹之「思考與傳達的模型」。雖然簡單，本質意涵卻極為深厚。

覺」→「歸納」的順序做筆記。

埃森哲與麥肯錫的「黃金三分割法則」

埃森哲顧問公司所使用的「重點表單」也依循著「黃金三分割法則」。其筆記本的特徵是，左側空間寫下要點，右側空間則須寫出「誰？何時之前？做什麼？」的具體行動。

麥肯錫的顧問徹底執行「天空、下雨、帶傘」的原則。「天空＝現在的狀況」「下雨＝對於狀況的解釋」「帶傘＝依據狀況的解釋，決定應採取何種行動」。抬頭看天空，發現雲象有點奇怪。解釋為好像要下雨。依據解釋，判斷應該「帶傘出門」。這就是「天空、下雨、帶傘」原則，是麥肯錫的顧問貫徹執行之簡單且極致的思考方法。

Point 你一定要知道的重點

1. 聰明人筆記的共同架構就是「黃金三分割法則」。
2. 聰明的學生是依據「板書」→「察覺」→「歸納」的順序做筆記。
3. 徹底貫徹如麥肯錫顧問「天空、下雨、帶傘」的簡明思考模型。

03

養成使用 A4 尺寸筆記本的習慣

想要提高思考能力，現在就立即加大筆記本的尺寸。
在商務世界，A4尺寸是舉世共通的標準。

筆記本的大小決定了思考的廣度

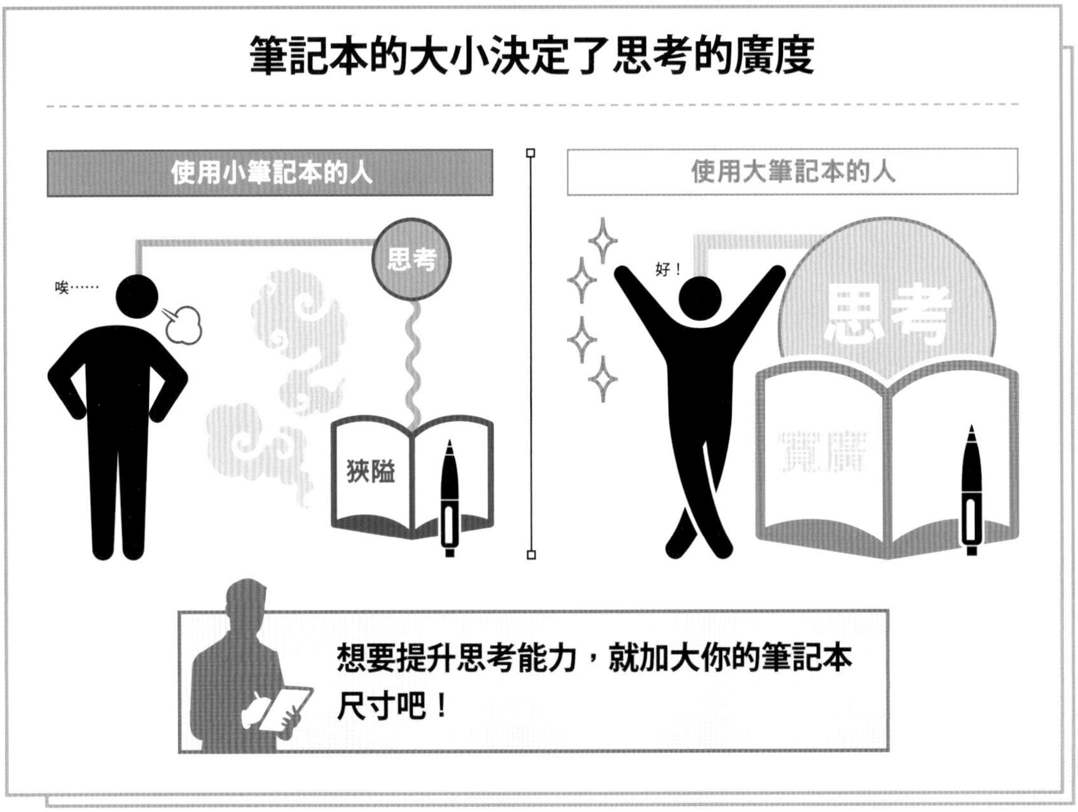
使用小筆記本的人
唉……
思考
狹隘
使用大筆記本的人
好！
思考
寬廣
想要提升思考能力，就加大你的筆記本尺寸吧！

想要提升思考能力，就加大筆記本尺寸吧！

指導如何做筆記時，很多學員都表達了以下困擾：「整理想法相當費工夫。」「邏輯式思考煞費苦心。」「不善於簡潔地傳達資訊。」

這個時候，我一定會問：「你是否使用小筆記本？」

在研習講座中，使用A6大小或更小尺寸筆記本的學員不在少數。**如果你想要提高思考能力，現在就立即加大筆記本的尺寸。**

對於使用小筆記本的研習學員，我會對他說明：「你一直覺得自己不擅長整理筆記，那只是先入為主的想法。真正的原因，是沒有使用足夠大小的筆記本來彙整想法。」並當場給他一本A4尺寸的方格筆記本，讓他實際感受不同尺寸的筆記本如何使思考方式改變。

A4筆記本是外商顧問的基本配備

外商顧問基本上都使用「A4尺寸」進行資訊輸入和輸出。

可能有不少人認為「這跟筆記本尺寸沒什麼關係吧？」但筆記本的尺寸是有其意義的。

在商務世界，A4尺寸是舉世共通的標準。外商顧問的方格筆記本是A4尺寸，為的就是讓日常活動跟正式場合的標準同步。

顧問以「A4尺寸」的規格進行簡報、輸出資訊。輸出資訊如果是使用A4尺寸，輸入資訊也使用A4尺寸，才容易整合。

你也趕緊養成以「A4筆記本為基本」的筆記習慣吧。

Point 你一定要知道的重點

1. **筆記本的大小，決定了思考的廣度。不要再用小筆記本了。**
2. **不論是資訊的輸入或輸出都以「A4尺寸為基準」。**
3. **踏入職場後，就以舉世共通的標準用A4筆記本做筆記。**

A4尺寸是全球職場的共通標準

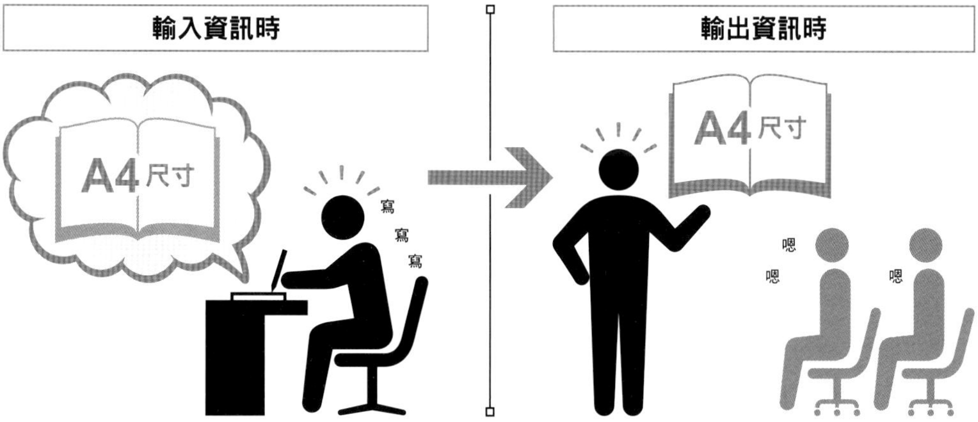
輸入資訊時
輸出資訊時
A4尺寸
寫
寫
寫
A4尺寸
嗯
嗯
嗯

不論是資訊的輸入或輸出，都以A4尺寸為基準！

04

學新聞報導，設定筆記的「標題」

在筆記加上「標題」，短時間內有效率地獲得成果。
以「一頁筆記一個主題」為原則，簡潔明瞭地整理資訊。

養成寫下標題的筆記習慣，讓你頭腦變好

聰明人的筆記，是經過整理的。看一眼整理過的筆記，就可以知道哪裡是重點。以言簡意賅的方式，歸納重點與結論。

能輔助整理筆記，具有引導功能的就是「標題」。

新聞報導讓你一眼就可以看到想要知道的重點，這都要歸功於新聞的「標題」。

就如同我們無法想像沒有標題的新聞，在筆記上寫下標題是相當重要的。請在筆記上方的空白處寫下「標題」吧。

過一陣子再修改筆記時，只要看標題空間，可以馬上了解重點與結論為何。

透過寫「標題」的筆記習慣，無論是學習、工作，都可以在短時間內有效率地獲得成果。

在標題空間寫下「標題跟要點」

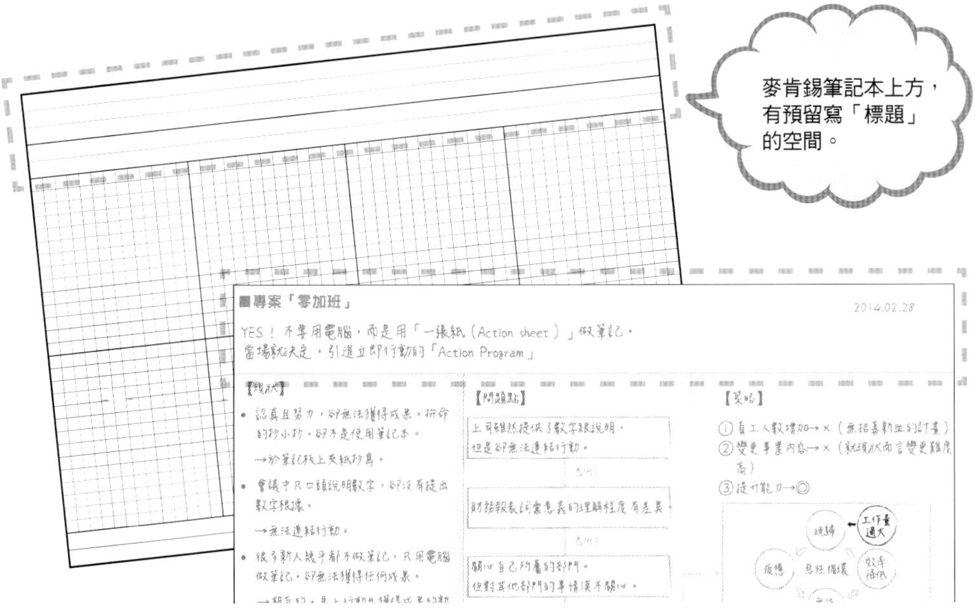

「標題」能大幅提升理解速度

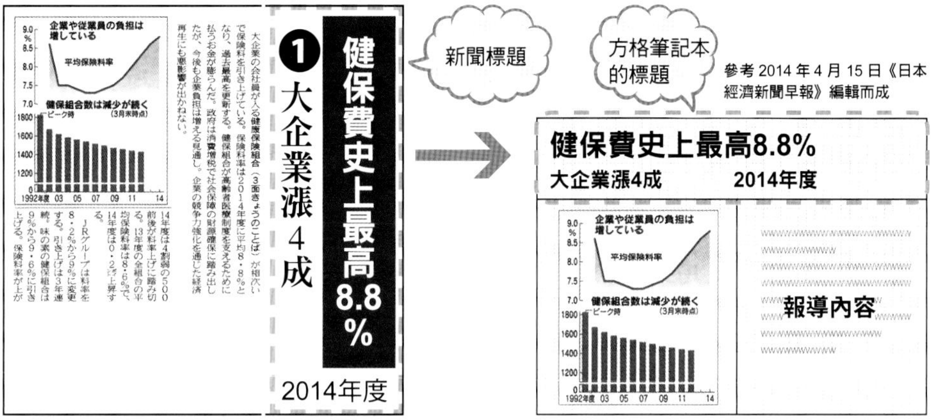
健保費史上最高8.8%
大企業漲4成
2014年度
新聞標題
方格筆記本的標題
參考 2014 年 4 月 15 日《日本經濟新聞早報》編輯而成
健保費史上最高8.8%
大企業漲4成 2014年度
報導內容

如同新聞，方格筆記本也在上方空間加上標題。

Point 你一定要知道的重點

1. **如同新聞，筆記也加上「標題」。**
2. **養成寫下筆記的「標題」，提升成果的品質。**
3. **以「一頁筆記一個主題」為原則做筆記。**

方格筆記本的最佳使用方式：一頁筆記只寫一個主題

一般的新聞報導是由一條標題（即說明針對什麼主題所撰寫的報導），以及一則訊息（即想要表達什麼內容）所構成。因此，一條標題便可簡潔地整理資訊。

至今為止，我看過兩萬多人的筆記，但會寫「標題」的人近乎為零。

如果你沒有一頁筆記只寫一個主題的習慣，今後就以「一頁筆記只寫一個主題」為基本原則做筆記吧。

方格筆記本的優點，並不是讓文章書寫不間斷，而是適合繪圖、適合「一頁筆記只寫一個主題」。

05

最極致的筆記技巧：1 萬張筆記法則

外商顧問會先在方格筆記本上反覆思索後，才使用電腦製作資料。
每天反覆做筆記，你的筆記會逐漸進化成「有成果的筆記」。

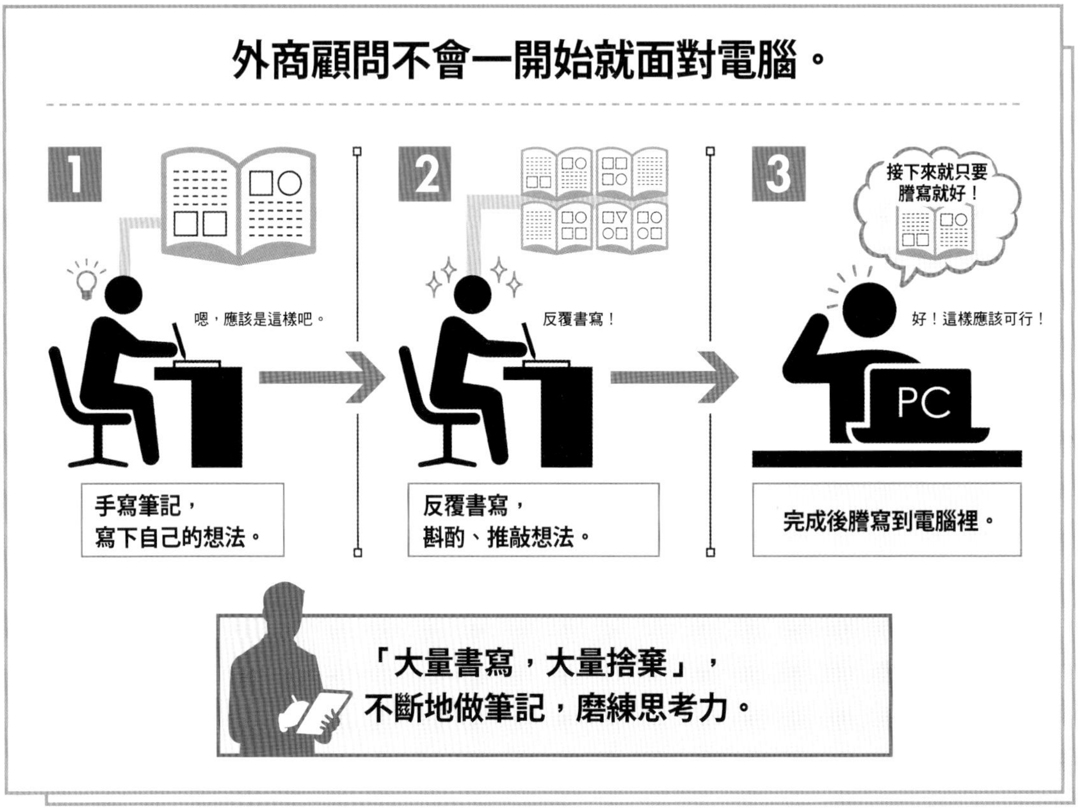
外商顧問不會一開始就面對電腦。
1
嗯，應該是這樣吧。
手寫筆記，
寫下自己的想法。
2
反覆書寫！
反覆書寫，
斟酌、推敲想法。
3
接下來就只要
謄寫就好！
好！這樣應該可行！
PC
完成後謄寫到電腦裡。
「大量書寫，大量捨棄」，
不斷地做筆記，磨練思考力。

外商顧問在方格筆記本上磨練思考

外商顧問不會一開始就面對電腦。因為在還沒有掌握事物本質時，就將尚未整理出重點的資訊輸入電腦，不過是讓尚未篩選、整理的資料堆積如山而已。

外商顧問會先將自己的各種想法寫在方格筆記本上，反覆斟酌、推敲，直到「好，這樣應該可行！」的狀態為止，再將筆記謄寫至電腦裡。

他們認為「思考就是反覆思索」「反覆修正的同時即為磨練思考」。

最後在架構中畫出的流程，便為接近完美的完成品。

然而，為達成此目標，就必須付出「大量書寫，大量捨棄」的成本。

Point 你一定要知道的重點

1. 徹底貫徹「不要一開始就面對電腦」的原則。
2. 手寫筆記，在方格筆記本上磨練思考。
3. 反覆「大量書寫，大量捨棄」，讓你的筆記進化成「有成果的筆記」。

使用方格筆記本，大量書寫、大量捨棄

在一次偶然的機緣中，我得知頂尖的外商顧問都經歷過「1萬張筆記法則」的洗禮。

顧問在獨當一面之前，一般需要三年的時間磨練。那段期間一天書寫將近10張筆記，一年約有3千張筆記，三年大約有1萬張筆記。每天不間斷地在方格筆記本上書寫筆記並丟棄，終能獨當一面。

當然，這1萬張筆記是按照架構做出來的筆記。

使用方格筆記本，並依循「大量書寫，大量捨棄」的法則，你的筆記應該會逐漸進化成「有成果的筆記」。

有能力的顧問都經過「1萬張筆記法則」的洗禮

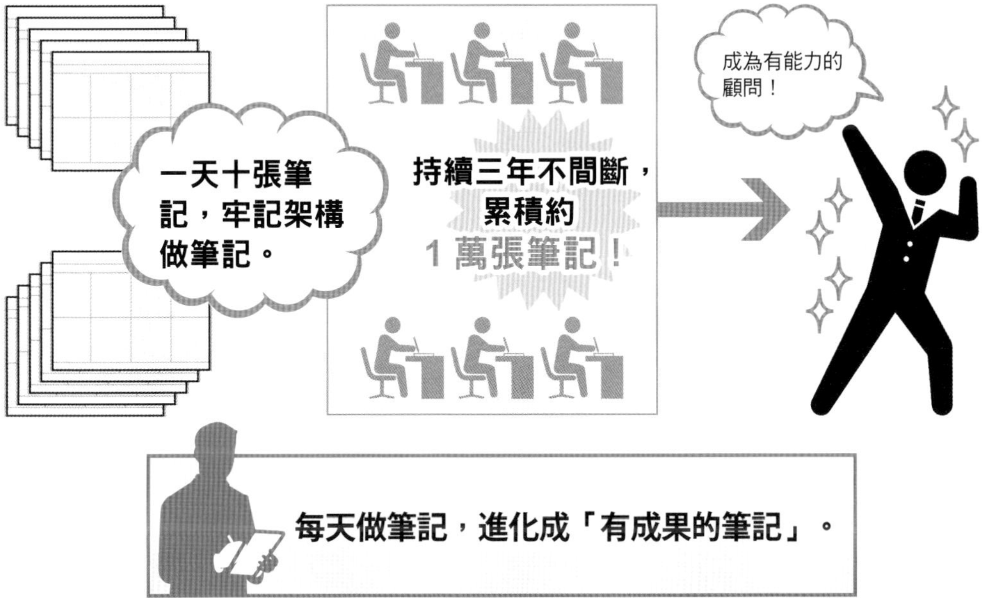
一天十張筆記，牢記架構做筆記。
持續三年不間斷，累積約1萬張筆記！
成為有能力的顧問！
每天做筆記，進化成「有成果的筆記」。

3 秒重現！謄寫至筆記上

筆記書寫方向從「直式」改為「橫式」，撰寫出「標題＋黃金三分割」的筆記。
僅是如此，你的筆記就得以進化成3秒內就可以理解的「讓頭腦變聰明的筆記」。

範例 01 橫著寫筆記，「閱讀筆記」也可以在3秒內理解！

- ✓ 從「直式」改為「橫式」
- ✓ 從「直線橫線筆記本」改為「方格筆記本」
- ✓ 用「箭頭」展開思考

所以

- ✓ 一目瞭然！
- ✓ 製作圖解輕鬆簡單！
- ✓ 清楚呈現思考流程！

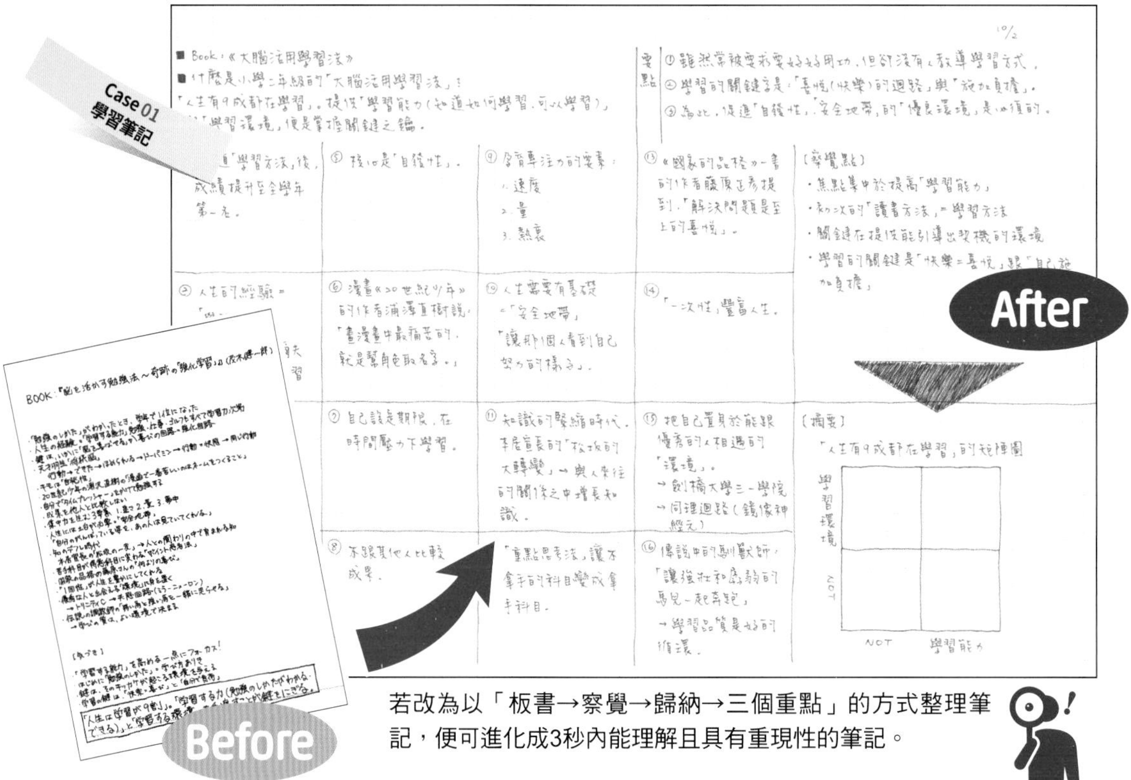
Case 01
學習筆記
After
Before

若改為以「板書→察覺→歸納→三個重點」的方式整理筆記，便可進化成3秒內能理解且具有重現性的筆記。

範例 02 利用「架構」簡潔有力地整理「會議筆記」！

「總之先抄下來」的會議筆記，即便重複閱讀，也無法回想起當時討論或邏輯推展的過程。若沿著「架構」整理會議內容，便可由左至右順暢地推展邏輯。以「右邊寫下具體行動」「右上角寫下要點」為基本整理，會議品質也會隨之大幅提升。

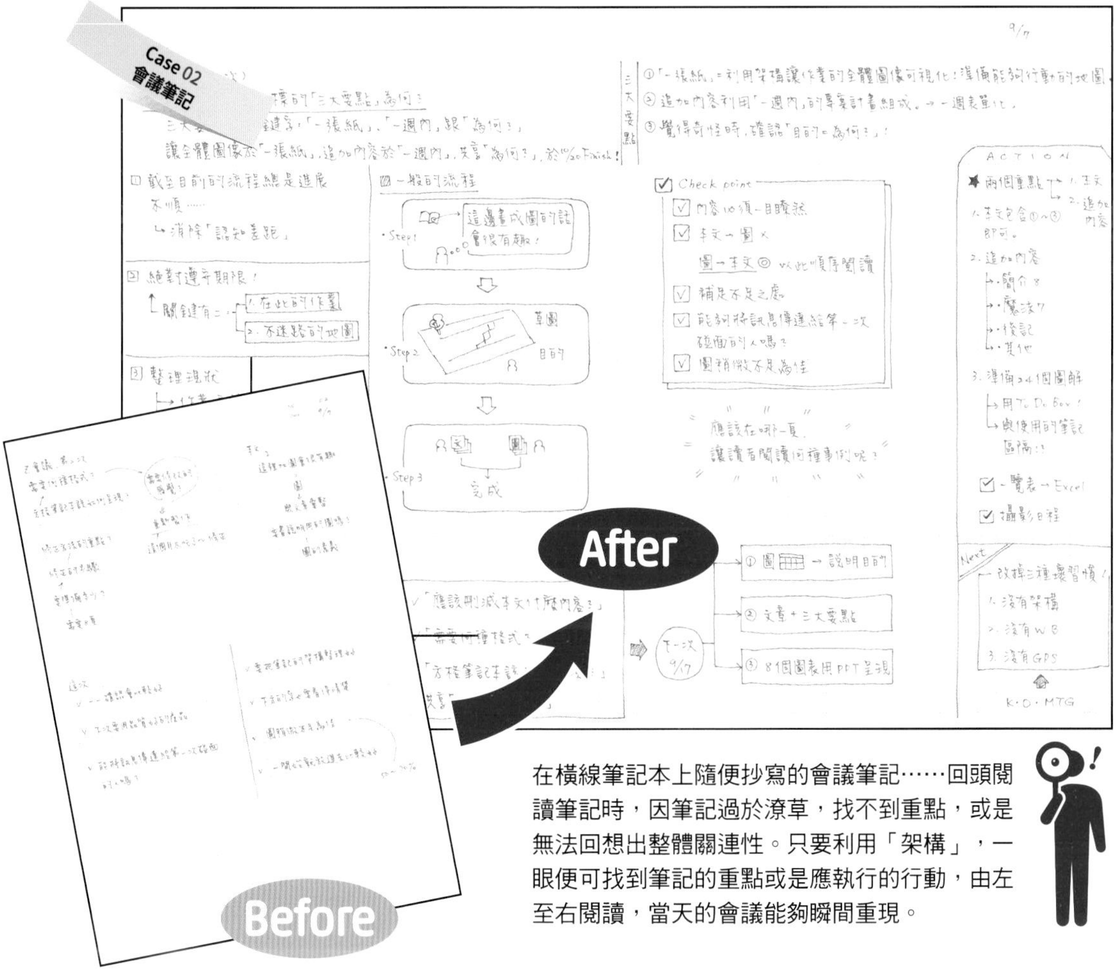

在橫線筆記本上隨便抄寫的會議筆記……回頭閱讀筆記時，因筆記過於潦草，找不到重點，或是無法回想出整體關連性。只要利用「架構」，一眼便可找到筆記的重點或是應執行的行動，由左至右閱讀，當天的會議能夠瞬間重現。

Chapter02

為何麥肯錫顧問一定要用「麥肯錫筆記」？

重點整理

Summary 01 「橫向」使用方格筆記本。

Summary 02 聰明人筆記的共同原則＝黃金三分割法。

Summary 03 依照「板書」→「察覺點」→「歸納」的順序做筆記。

Summary 04 貫徹簡明的「思考模型（架構）」。

Summary 05 無論是資訊輸入或輸出，都以「A4 筆記本為基礎」。

Summary 06 於筆記上方空白處寫下「標題」。

Summary 07 以「一頁筆記只寫一個主題」為原則做筆記。

Summary 08 先用方格筆記本整理好資訊，再面對電腦。

Summary 09 實踐「大量書寫，大量捨棄」的 1 萬張筆記法則。

五分鐘內搞懂！
讓頭腦變聰明的筆記基礎和方法

如果使用方格筆記本，便可輕易達成「讓頭腦變聰明的筆記三法則」（①整齊外觀、②標題、③三分割法）。

製作「讓頭腦變聰明的方格筆記本」的三大步驟

1 準備5mm的方格筆記本

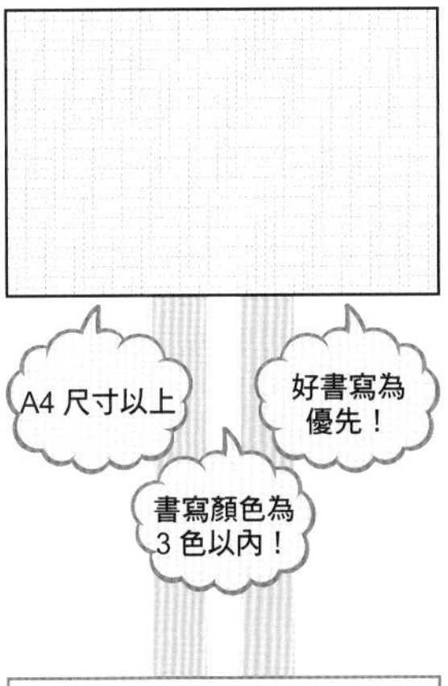
A4 尺寸以上
好書寫為優先！
書寫顏色為3色以內！

步驟一，準備好「外觀整齊」的方格筆記本。

2 畫出標題線

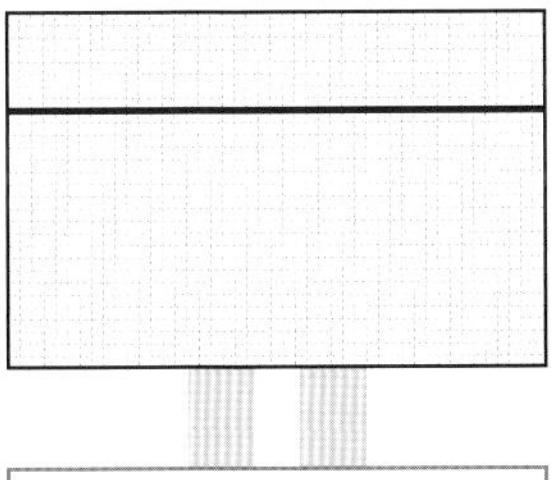

步驟二，在3到5公分處畫出標題線，作為標題空間，下方為筆記空間。然後於標題空間上方約1.5公之處畫線，標題空間的上方為「論點」，下方為「結論」。

3 畫出三分割線

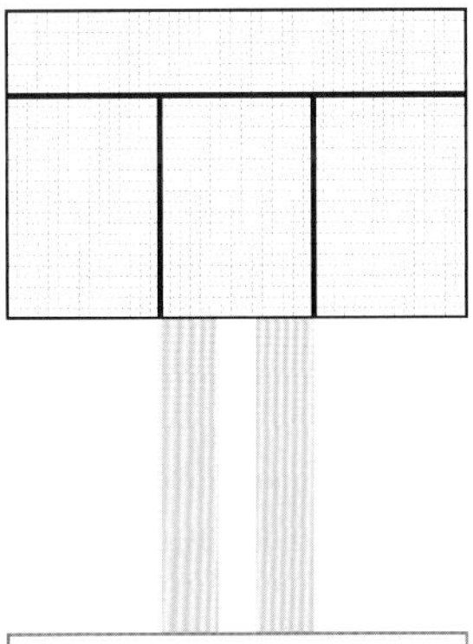

最後一個步驟，畫兩條線，將下方的筆記空間切割為三等分，這樣黃金三分割的空間就完成了。

方格筆記本簡單達成筆記三法則

讓我們一窺讓頭腦變聰明的筆記法則吧。

聰明人的筆記共同點在於「整齊外觀」「標題」「三分割法」這三個要素。具體而言：

【法則①整齊外觀】

空格跟第一行對齊。使用圖表，讓筆記整齊好閱讀。

【法則②標題】

在筆記本上的3到5公分的空白處寫上「標題」。

【法則③三分割法】

用事實、解釋、結論的「黃金三分割法」做筆記。若具備「整齊外觀、標題、三分割法」的法則，就能夠創造出提高理解速度，且具備高度重現性的筆記。如同新聞報導，一展開便可馬上理解內容（整齊外觀），標題+訊息的呈現，能立即掌握重點（標題），邏輯+內容讓你感受到閱讀價值（三分割法）。

方格筆記本的 7 大功能協助完成「精緻的筆記」①

Point 1 可以留白！

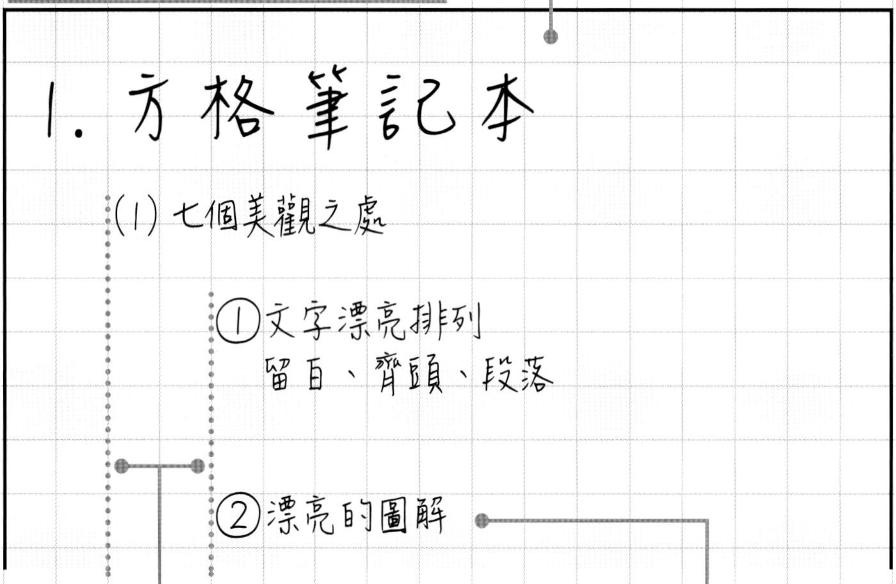
1. 方格筆記本
(1) 七個美觀之處
①文字漂亮排列
留白、齊頭、段落
②漂亮的圖解

Point 2 句首與段落對齊！

Point 3 書寫易閱讀的文字！

Point 4 製作圖表易如反掌！

方格紙又稱為圖表用紙，可以簡單正確地畫出圖表。利用筆記本上的橫線與直線作為輔助線，繪表製圖得心應手。

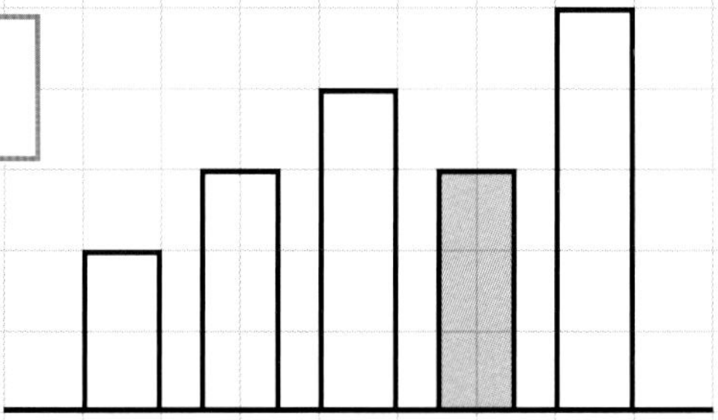

Point 5 可手繪漂亮圖解！

只需要沿著方格的橫線與直線畫圖，即便不擅於繪畫，也可描繪出漂亮的圖解。

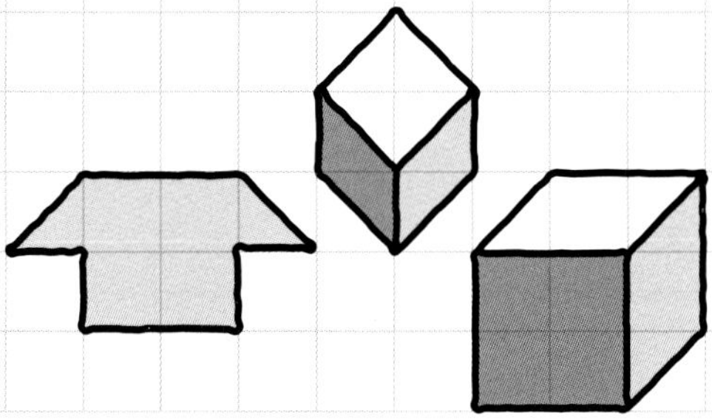

方格筆記本的 7 大功能協助完成「精緻的筆記」②

Point 6 簡單配置出漂亮的邏輯式圖解！

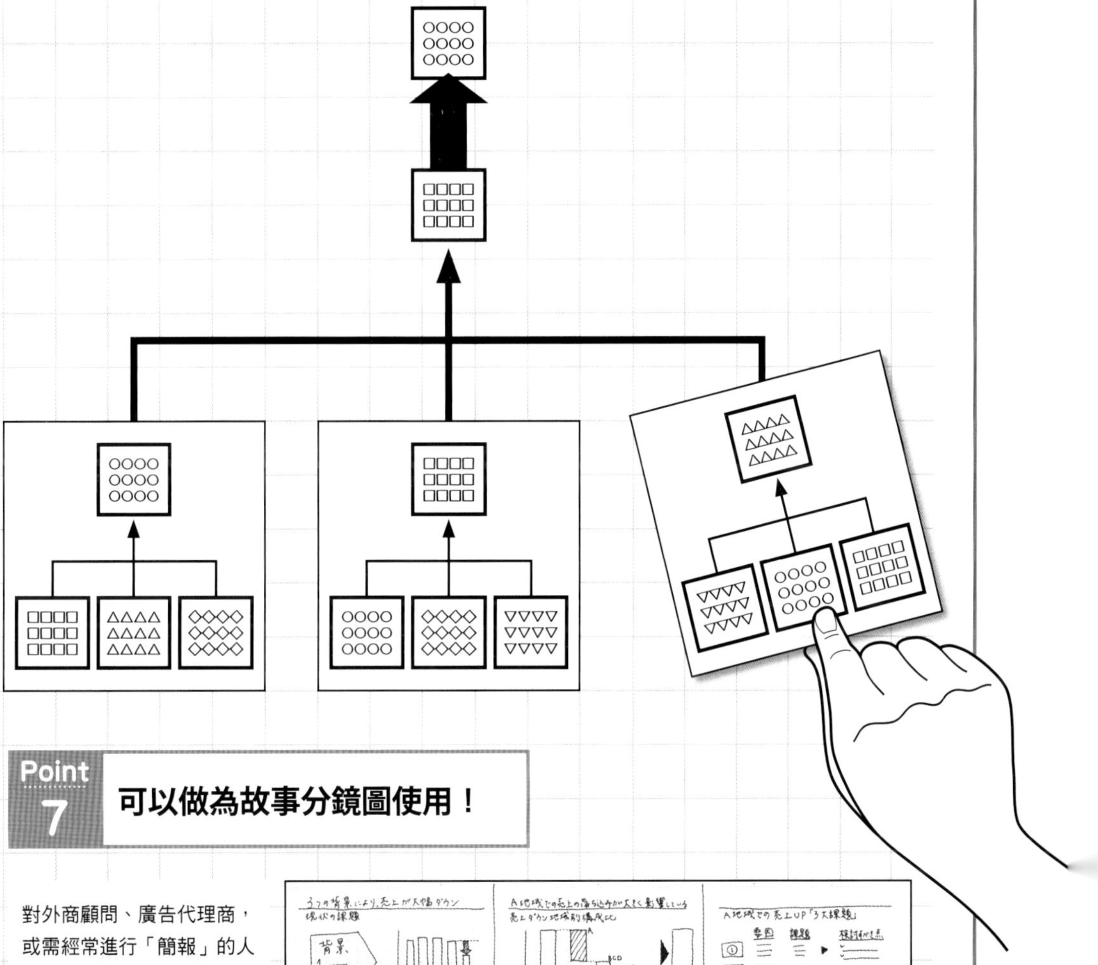

Point 7 可以做為故事分鏡圖使用！

對外商顧問、廣告代理商，或需經常進行「簡報」的人們而言，故事分鏡圖是再熟悉不過的東西。宛如電影的分鏡圖，可以讓點子跟目標視覺化呈現，具體傳達效果佳，經常使用於簡報資料的製作。

以方格筆記本的方格子作為輔助線，光只是畫出分隔線，就可以讓方格筆記本進化為故事分鏡圖。

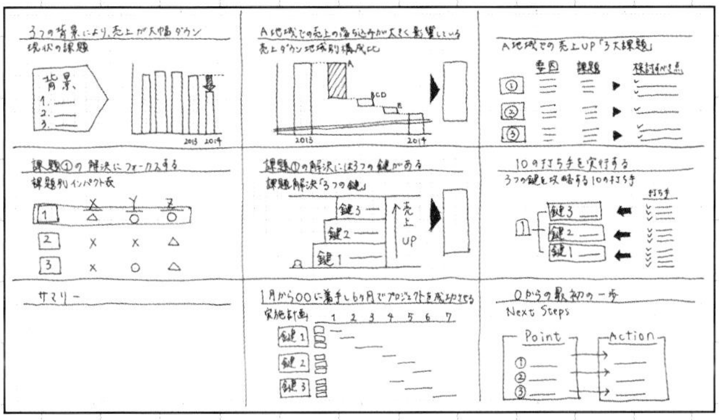

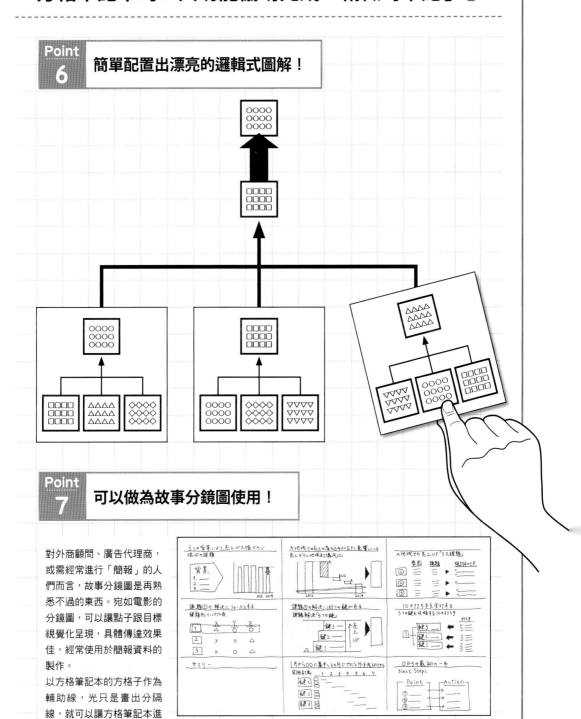

「讓頭腦變聰明的筆記」應用指南

「讓頭腦變聰明的筆記」之基本構造

0 標題空間：「論點」與「結論」

一頁一個主題，簡潔地整理出論點與結論。

1 事實（板書）空間

依據事實思考，徹底執行基本原則。

2 解釋（察覺點）空間

掌握本質，整理重點。

3 行動（歸納）空間

解決問題，寫下能達到結果的行動項目。

兩個基本模式與變化例

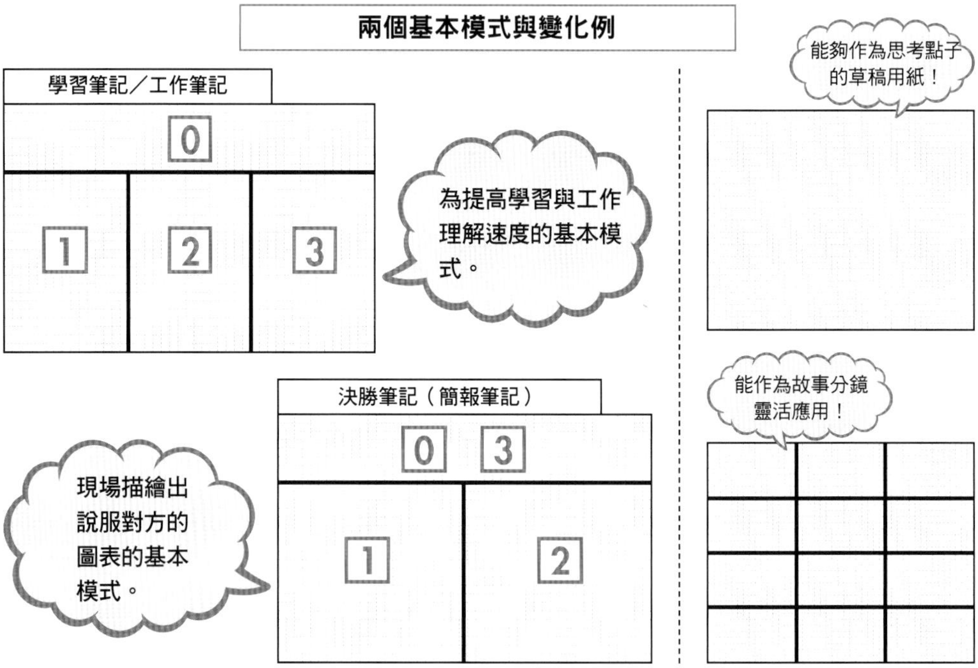
學習筆記／工作筆記
0
1
2
3
為提高學習與工作理解速度的基本模式。
能夠作為思考點子的草稿用紙！
決勝筆記（簡報筆記）
0
3
1
2
現場描繪出說服對方的圖表的基本模式。
能作為故事分鏡靈活應用！

Why do smart people use squared notebooks?

Chapter03

人生基本功！
掌握「學習筆記」的精髓！

01 筆記本的三大秘密功能

02 先改掉「一字不漏照抄」的習慣

03 學習筆記的原則：「跨頁，一個主題」

04 將「察覺點」故事化的致勝關鍵，在於「邏輯連接詞」

05 整理筆記要注意「簡化」

特別收錄 方格筆記本使用範例〈學習筆記篇〉

方格魔法 3 使用方格筆記本聰明做筆記！

方格魔法 4 孩子的第一本方格筆記本

筆記本的 3 大秘密功能

依據不同的人生階段，筆記本的需求也會跟著變化。意識筆記本的「記憶」「思考」「傳達」三大功能，提升做筆記的技巧吧！

不同的人生階段，筆記本的使用方式會跟著改變

從幼稚園到小學生
跟筆記本初次相遇
從國中生到高中生
跟筆記本密切接觸
大學生
筆記本為製作報告的基礎材料
社會人士
筆記本成為策略性工作的利器

在不同人生階段採用不同的筆記方法，是很重要的技巧。

不同人生階段，筆記本的角色或功能會改變

你是否記得「第一次使用筆記本的日子」呢？

進入幼稚園時使用繪畫本或是塗鴉本，上小學時變成用學習筆記，開始接觸筆記本。

大概是從小學三年級到四年級開始，認真地使用筆記本。進入國高中之後，在學校的學習逐漸不足，開始上補習班，與筆記本的接觸更加密切。上大學之後，筆記本作為製作報告的基礎材料，重要度日益增加。

出社會開始工作之後，筆記本必須進化成策略性工作的利器。

面對不同的狀況或人生階段，筆記本所需扮演的角色、功能的優先順序會有微妙的不同。意識到這個事實，在不同的時間點使用不同的筆記方法，或是使之進化，是重要的筆記技巧。

筆記本的「記憶」「思考」與「傳達」三大功能

讓我們再次回到原點，思考筆記本身具備的功能。

筆記本有「記憶」「思考」「傳達」三大功能。以下詳細分述筆記本三大功能的內容。

①記憶筆記

為記憶並理解課堂、討論發表會或自習的內容，並強化記憶於腦袋中所整理出來的筆記。本書將此類筆記稱為「學習筆記」。

②思考筆記

如工作場合，掌握事物本質，理解重點並引導出結論所整理出來的筆記，本書將此類筆記稱為「工作筆記」。

③傳達筆記

從令人眼花撩亂的資訊中篩選出對方需要的資訊，整理成簡潔易懂的內容，提出符合對方期望的改善與解決方案，為說服對方所整理出來的筆記，本書將此類筆記稱為「簡報筆記」或「決勝筆記」。

以下將分別針對「學習筆記」「工作筆記」和「簡報筆記、決勝筆記」，說明各種筆記的技巧。本章首先介紹「學習筆記」的詳細內容。

Action Plan　社會人士也應精通「學習筆記」的技巧

「學習筆記」某種程度上是筆記技巧的基礎，即使成為社會人士，時常會碰到如準備證照考試等需要學習的情況，這時也必須精通「學習筆記」。

筆記本身具備的三大功能

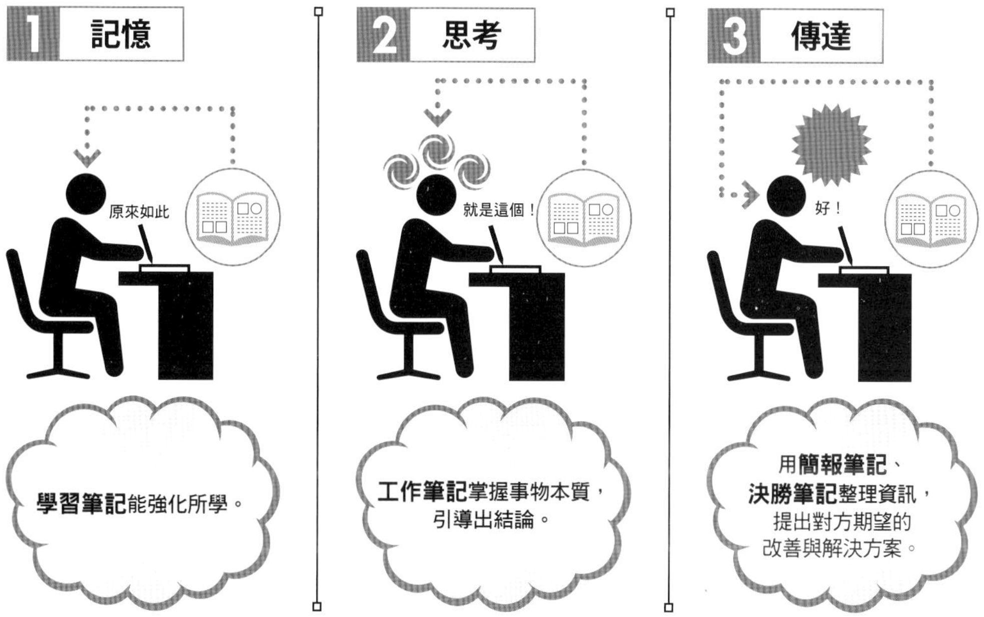
1 記憶
原來如此
學習筆記能強化所學。
2 思考
就是這個！
工作筆記掌握事物本質，引導出結論。
3 傳達
好！
用簡報筆記、決勝筆記整理資訊，提出對方期望的改善與解決方案。

02

先改掉「一字不漏照抄」的習慣

一字不漏抄寫下來的筆記習慣，無法有效地記憶，亦無法發揮筆記的功用。
用「空白的一秒鐘」創造「永不遺忘的記憶」，強化大腦的高速記憶體。

改掉「將黑板一字不漏照抄」的習慣

你認為掌握提升學習效率的關鍵是什麼？

那就是改掉「將黑板一字不漏照抄」的筆記習慣。

「將老師寫在黑板上的內容全部抄寫下來即可」的筆記只能用到12歲。也就是說，升國中之後，就從這種筆記方式畢業吧。

為何會這樣說？因為這種筆記方式就像是「板書機器」，只是單純地將黑板上寫的東西一字不漏抄寫下來，無法有效記憶，而且因為不理解內容，無法有效利用筆記。

為避免陷入花了很多時間念書，考試成績卻遲遲沒有進步的困境，立刻告別「將黑板一字不漏照抄」的筆記習慣吧！

如果你有把老師黑板寫的內容一字不漏照抄的習慣，改變你抄寫時的「眼睛的使用方法」吧。

從「一字不漏照抄」的筆記習慣畢業吧！

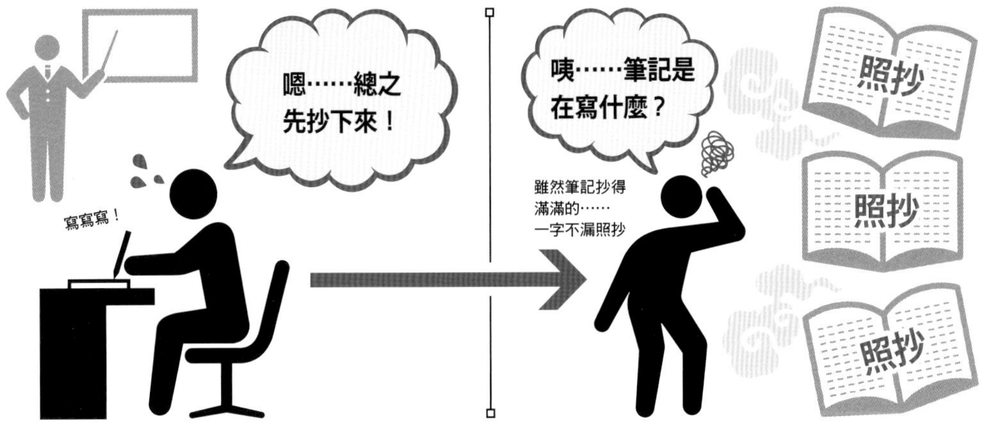

嗯……總之先抄下來！
寫寫寫！
咦……筆記是在寫什麼？
雖然筆記抄得滿滿的……一字不漏照抄
照抄
照抄
照抄

把黑板的東西照抄下來，無法有效記憶，而且因為不理解內容，無法有效利用筆記。

「空白的一秒鐘」讓你的頭腦變聰明

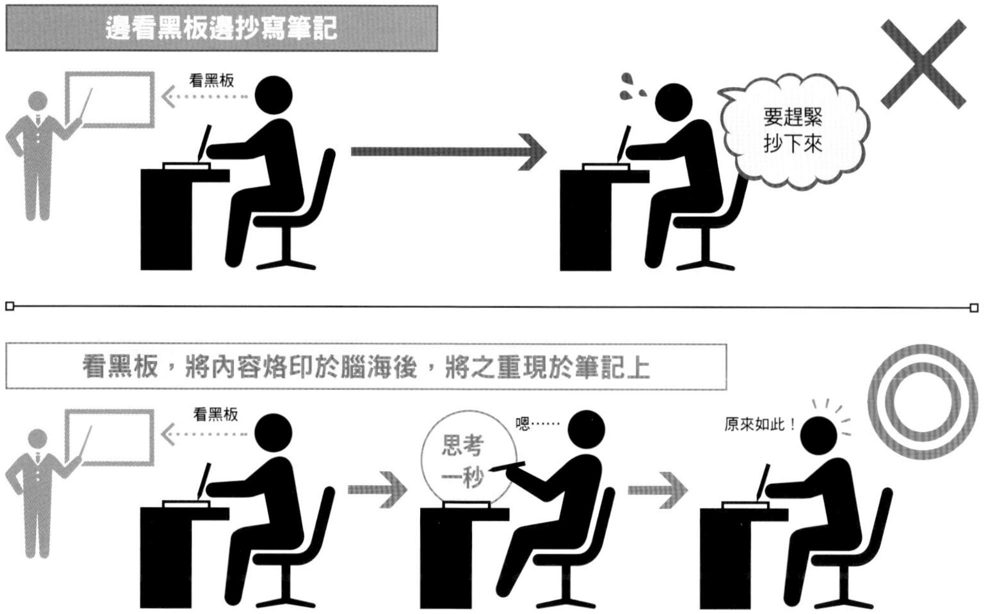
邊看黑板邊抄寫筆記
看黑板
要趕緊
抄下來
看黑板，將內容烙印於腦海後，將之重現於筆記上
看黑板
思考
一秒
嗯……
原來如此！

用「空白的一秒鐘」創造「永不遺忘的記憶」

將「看黑板→抄寫筆記」的習慣，改變成下述的筆記方法：「看黑板→烙印於腦海中→不看黑板，將烙印在腦袋中的內容重現於筆記上」。

在「黑板→抄寫」這段期間創造「烙印於腦海中的一秒鐘」。我將這一秒鐘稱為「空白的一秒鐘」。

反覆使用這個方法，習慣了之後，當你看著黑板的瞬間，就會自動將圖像烙印在腦海中。「空白的一秒鐘」日積月累下，你會確實建構出永不遺忘的記憶，得以強化大腦的「高速記憶體」。

Point 你一定要知道的重點

1. **先改掉「一字不漏照抄」的筆記習慣。**
2. **用「空白的一秒鐘」創造「永不遺忘的記憶」。**
3. **養成「空白的一秒鐘」的習慣，強化大腦的「高速記憶體」。**

03

學習筆記的原則：「跨頁，一個主題」

學習筆記以「跨頁，一個主題」為原則，使用三分割法。將重點或疑問點寫至「中央空間」。

在廣闊的跨頁上使用黃金三分割法

學習筆記跟後面將介紹的工作筆記與簡報筆記，有一個很大的差異點。

工作筆記與簡報筆記，大多是將A4尺寸方格筆記本的橫向一個頁面畫分為三個區間使用，而學習筆記本則建議使用B5或是A4尺寸的方格筆記本，攤開跨頁使用。

理由在於，使用學習筆記時，需要學習的知識與資訊龐大，筆記內容時常無法壓縮在一張橫向A4紙上。

一堂課約為50到90分鐘，要將課堂教授的內容濃縮在一個空間，至少需要兩頁。為避免做筆記時一直掛念著是否會寫到一半空間不夠，因此一開始就準備兩頁的空間書寫筆記。

在這個廣闊的跨頁上使用黃金三分割法。

首先，在上方3到5公分的空白處作為書寫「標題」與「要點」的空間。「標題」就寫上課程的主題。「要點」就歸納筆記的重點。

攤開兩頁使用時，其黃金三分割配置方式，是將跨頁的橫向空間由左頁至右頁並列畫分為三等分。這三個空間由左邊開始依序為「板書空間」，中間的「老師的評論、用自己的話改寫＝察覺點空間」，右邊為「消除問題點、歸納空間」。

在方格筆記本上畫分隔線，預先畫分成三等分，便可簡單地用「黃金三分割法」做筆記。

中央空間的使用方法，決定了學習的成果

「學習筆記」的核心就是方格筆記本正中央的「中央空間」的使用方式。

如前所述，中央空間是將老師的評論用自己的話書寫的「察覺點空間」。在老師寫板書或講解時，若出現讓你感到「咦！」的重點或是疑問點時，就寫在「中央空間」。

這個「察覺點」，就是將老師所說的話變成自己的東西。是否「察覺」到重點？如何將「察覺」到的東西展開至「中央空間」？如何彙整？透過這樣的思考過程，你學習的成果會有大幅度的改變。

Action Plan　利用「標題」與「要點」進行考前衝刺

在考試之前複習筆記上方的「標題」與「要點」吧。只要閱讀筆記上方標題處，就可掌握此一跨頁內容，應該會是有效率的考前衝刺策略。

學習筆記的關鍵在於「中央空間」

是什麼課程？
寫下標題

課程的關鍵
內容在哪？
寫下課程重點

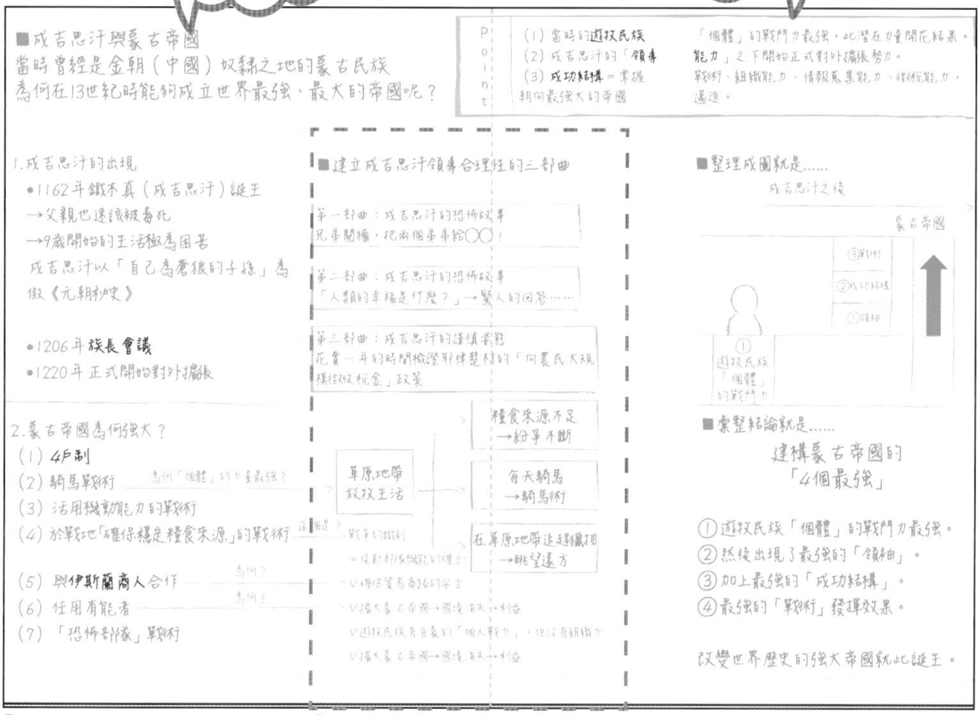
■成吉思汗與蒙古帝國
當時曾經是金朝（中國）奴隸之地的蒙古民族
為何在13世紀時能夠成立世界最強、最大的帝國呢？
1.成吉思汗的出現
•1162年鐵木真（成吉思汗）誕生
→父親也速該被毒死
→9歲開始的生活極為困苦
•1206年族長會議
•1220年正式開始對外擴張
2.蒙古帝國為何強大？
(2) 騎馬戰術
(3) 活用機動能力的戰術
(4) 於戰地「確保穩定糧食來源」的戰術
(5) 與伊斯蘭商人合作
(6) 任用有能者
(7) 「恐怖部隊」戰術
■建立成吉思汗領導合理性的三部曲
草原地帶 放牧生活
糧食來源不足 →紛爭不斷
每天騎馬 →騎馬術
■整理成圖就是……
蒙古帝國
■彙整結論就是……
建構蒙古帝國的「4個最強」
①遊牧民族「個體」的戰鬥力最強。
②然後出現了最強的「領袖」。
③加上最強的「成功結構」。
④最強的「戰術」發揮效果。
改變世界歷史的強大帝國就此誕生。

板書空間　中央空間　歸納空間

中央空間就是
寫下老師或自己評論的
「察覺點空間」
（詳細於下一頁介紹）

將B5或A4尺寸攤開跨頁使用，在廣闊的空間盡情發揮（於P.58亦有解說）

將「察覺點」故事化的致勝關鍵，在於「邏輯連接詞」

光有「察覺點」是不夠的。是否能故事化「察覺點」才是重點。
邏輯連接詞＋箭頭，讓筆記進化成「有重現性的故事化筆記」。

邏輯連接詞的種類與用途

目的	邏輯連接詞	用途
歸納	總括來說， 簡言之， 意即，	與歸納的箭頭配合使用，效果佳。整理、彙整截至目前的筆記內容時所使用的連接詞。
推展	為什麼呢？因為…… 所以，具體而言？	探求理由或原因時使用「為什麼呢？因為......」，具體化解決方法時使用「所以，具體而言？」推展故事。
強調	其實…… 重點為……	配合強調的箭頭使用，效果最佳。使用人型圖跟對話框，用人型圖寫出「其實」也有不錯的效果。
轉折 / 改變視點	如果…… 是那個人的話……	轉變視點，尋找新點子時使用的連接詞。

在心中默唸挑選出來的候補詞彙，選擇適合自己的詞彙

用適合自己的「邏輯連接詞」

讓「學習筆記」變成理想筆記的決定性因素之一，是前面講過的中央空間使用方式；另一個決定因素則是「邏輯連接詞」。

邏輯連接詞即為展開理論（邏輯）時使用的連接詞。在將中央空間「察覺點」故事化之際，邏輯連結詞會發揮很大的功能。

正如選購襯衫與西裝一定要試穿，選擇適合自己的「邏輯連接詞」，於筆記中推展邏輯，好將察覺點故事化。

例如，想要使用「為什麼」這樣的詞彙時，比起「為什麼」，有的人使用「不知為何」的詞彙較有助於推展思考，也有的人使用「究竟是為什麼呢？」「怎麼會這樣呢？」「為什麼呢？那是因為……」等邏輯連接詞會較為合適。

若是不適合自己的詞彙，會有微妙的不協調感。

「邏輯連接詞」和「三個箭頭」搭配使用，「重現性」大不同

光是使用「邏輯連接詞」就可以獲得一定的效果，如果搭配「三個箭頭」，更可簡單地將資訊或事物與「視覺」和「理論」相連結，推展故事。

所謂三個箭頭，就是「推展、歸納、強調」。從板書空間，畫出「推展的箭頭」至中央空間。此時的重點，是在箭頭上寫下「邏輯連結詞」。

其次，從中央空間畫箭頭延伸至消除問題點、歸納空間。

若用這個方法做筆記，過一陣子再回頭看時，筆記的「重現性」會有顯著提升。

Point 你一定要知道的重點

1. **使用「邏輯連接詞」，故事化「察覺點」。**
2. **「邏輯連接詞」和「三個箭頭」搭配使用。**
3. **「三個箭頭」分開使用。**

三個箭頭提升筆記的重現性

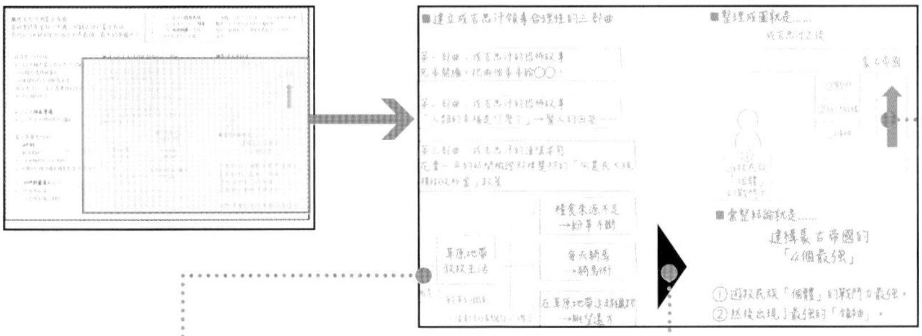

使用「為什麼呢？是因為……」的邏輯連接詞時	使用「簡言之……」的邏輯連接詞時	使用「重點為……」的邏輯連接詞時
推展的箭頭	歸納的箭頭	強調的箭頭
細箭頭表示論點的展開，可以讓思考的流程一目瞭然。	使用三角形箭頭。依據這麼多資訊，重點為何？此箭頭讓重點顯而易見。	使用粗實心箭頭（大多為紅色）。其特徵是讓你一眼就可以找到強調的重點。

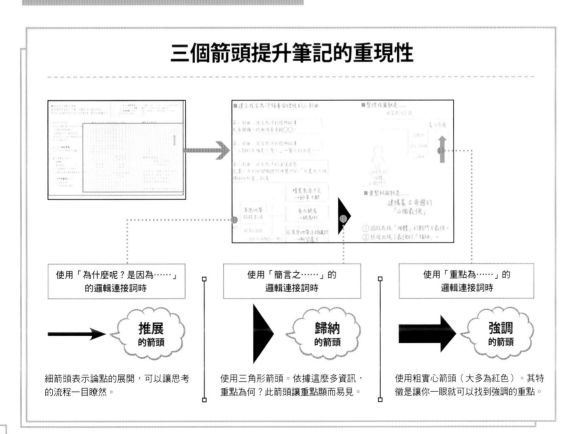

整理筆記要注意「簡化」

在筆記的「歸納空間」消除問題點、歸納課程內容。只要整理出「三個重點」，就會變成看一眼標題空間就可以抓到重點的理想筆記。

在「歸納空間」消除問題、歸納筆記內容

真正會讀書的人是「應用能力佳的人」，但前提是要有「提問能力」與「歸納能力」。

擁有「提問能力」「歸納能力」，再加上「應用能力佳」的人，在職場自然也能大展身手、發揮實力。

所謂「提問能力」，是指不會不經思考就全盤接受事物或資訊，而是能提出「那是什麼意思？」「為何可以這樣說呢？」這樣本質問題的能力。

所謂「歸納能力」，是指能掌握事物的本質，在腦中整理重點並歸納，然後以淺顯易懂的方式傳達給對方。

要強化這樣的能力，必須每天進行腦力訓練。每天做筆記，筆記右側的「歸納空間」歸納課程的重點，寫下「問題點」並想辦法消除，這就是鍛鍊腦力的最佳訓練方法。

在歸納空間強化歸納能力和提問能力

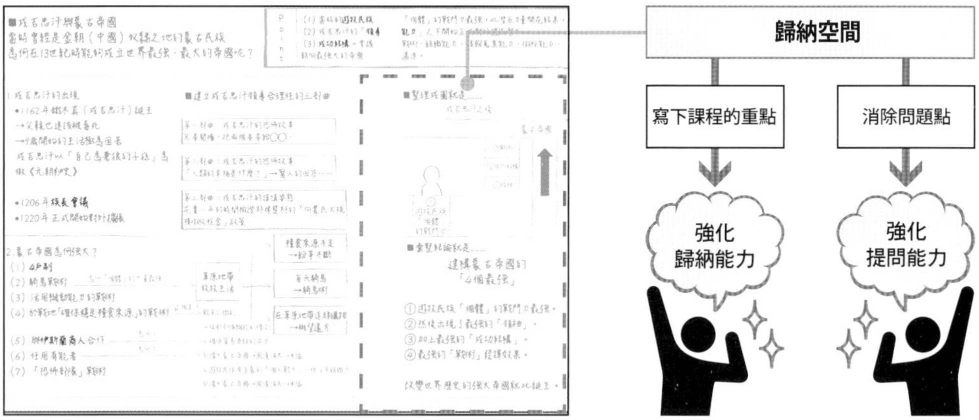
歸納空間
寫下課程的重點
消除問題點
強化
歸納能力
強化
提問能力

活用歸納空間，是鍛鍊腦力的最佳訓練方法！

理想的筆記，是一眼就可以抓到重點

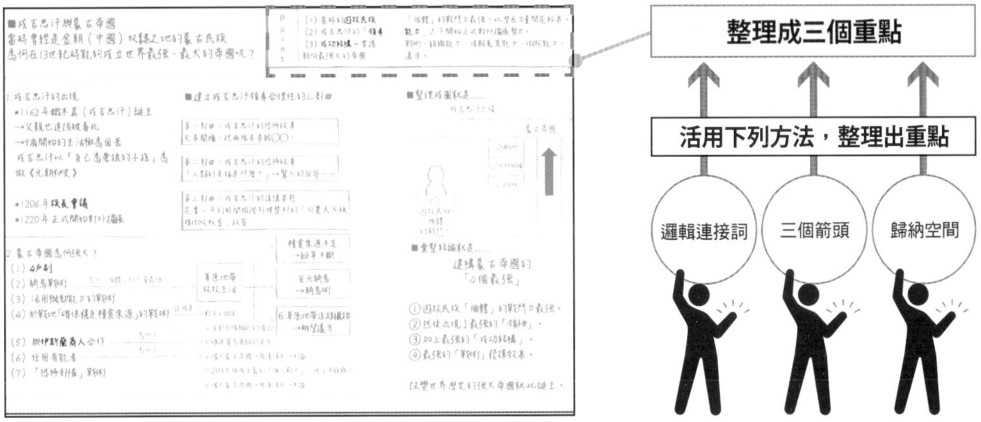
整理成三個重點
活用下列方法，整理出重點
邏輯連接詞
三個箭頭
歸納空間

理想的筆記就是，只要看筆記的標題空間就可以知道重點！

整理筆記時要注意「簡化」並整理成「三個重點」

如果透過邏輯連接詞跟三個箭頭，提升右側「歸納空間」的能力，歸納能力會進步神速。

然後，將「三個重點」整理至筆記上方的標題空間。如此一來，只要看筆記的標題空間，就可以知道「這個筆記的重點有三……」，進化成能在3秒內重現內容的筆記。

如果你從學生時期就習慣以「簡單說」與「要點有三」的原則做筆記，成績不僅會大幅提升，將來成為社會人士時也能運用「簡單說」與「要點有三」等原則，掌握工作技巧的核心，讓他人覺得你與眾不同。

Point 你一定要知道的重點

1. **在筆記右側的「歸納空間」消除問題，歸納筆記內容。**
2. **在「歸納空間」強化「歸納能力」和「提問能力」。**
3. **理想的筆記＝在筆記右上方空白處整理「三個重點」。**

〈學習筆記篇〉

Case 03
歷史筆記

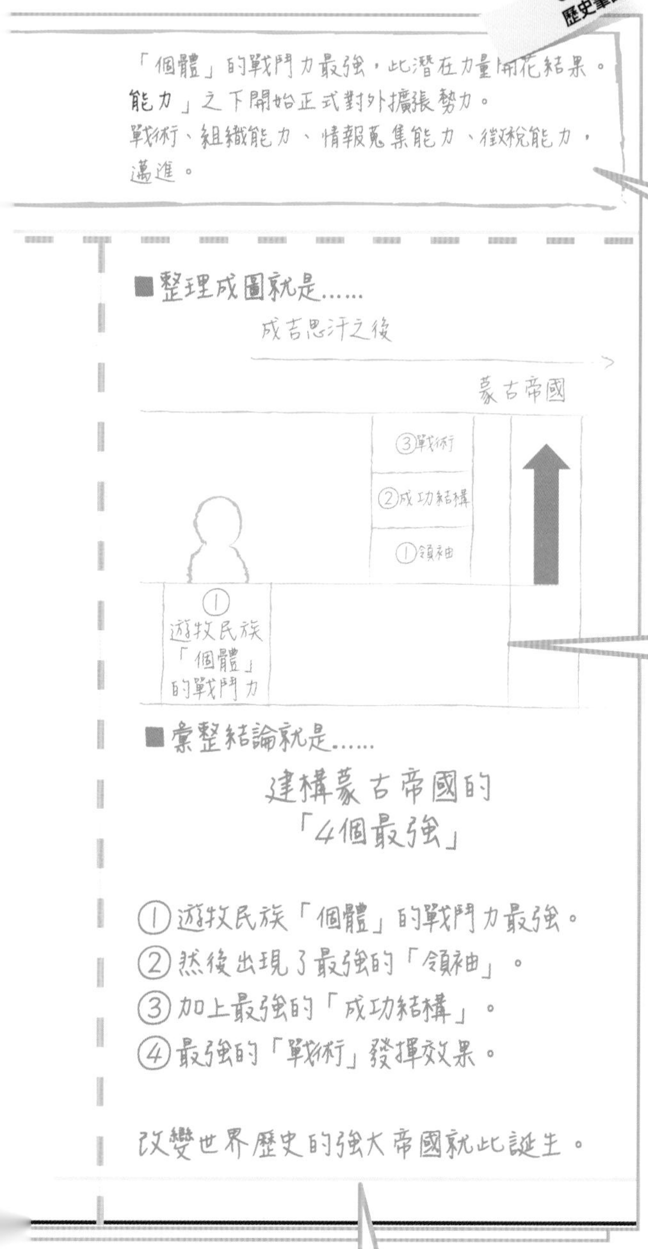
「個體」的戰鬥力最強，此潛在力量開花結果。
能力」之下開始正式對外擴張勢力。
戰術、組織能力、情報蒐集能力、徵稅能力，
邁進。
■整理成圖就是……
成吉思汗之後
蒙古帝國
③戰術
②成功結構
①領袖
①
遊牧民族
「個體」
的戰鬥力
■彙整結論就是……
建構蒙古帝國的
「4個最強」
①遊牧民族「個體」的戰鬥力最強。
②然後出現了最強的「領袖」。
③加上最強的「成功結構」。
④最強的「戰術」發揮效果。
改變世界歷史的強大帝國就此誕生。

●活用筆記本上方3到5公分的空間②

最後，在筆記上方3公分處的右側空間寫下三個重點，彙整筆記的內容。

●利用圖解視覺化筆記

板書→透過察覺點，將已經理解的內容化為圖解，加速理解並強化記憶。

●在右側空間歸納重點

板書→察覺點→加深理解的同時，簡潔地歸納並整理「重點」。

Point

學習筆記是筆記技巧的基礎。如果能精通「學習筆記」的技巧，在短時間內可以大幅提升學習效率。書寫時，色筆以「三色以內」為原則！藍＋紅或是黑＋紅為基本。書寫學習筆記時，推薦使用PILOT的「HI-TEC-C」原子筆。

●活用筆記本上方3到5公分的空間① 明確寫上論點。

■成吉思汗與蒙古帝國
當時曾經是金朝（中國）奴隸之地的蒙古民族
為何在13世紀時能夠成立世界最強、最大的帝國呢？

Point
(1) 當時的遊牧民族
(2) 成吉思汗的「領導
(3) 成功結構＝掌握
朝向最強大的帝國

1.成吉思汗的出現
- 1162年鐵木真（成吉思汗）誕生
→父親也速該被毒死
→9歲開始的生活極為困苦
成吉思汗以「自己為蒼狼的子孫」為傲《元朝秘史》
- 1206年族長會議
- 1220年正式開始對外擴張

2.蒙古帝國為何強大？
(1) 4戶制
(2) 騎馬戰術　為何「個體」的力量最強？ → 草原地帶放牧生活
(3) 活用機動能力的戰術
(4) 於戰地「確保穩定糧食來源」的戰術　這個是？ → 戰爭的鐵則＝後勤部隊機能的確立！
(5) 與伊斯蘭商人合作　為何？ → V確保貿易商路的安全
(6) 任用有能者　為何？ → V擴大蒙古帝國→國境消失→利益
(7) 「恐怖部隊」戰術

V遊牧民族有自豪的「個人戰力」，但沒有組織力
V擴大蒙古帝國→國境消失→利益

■建立成吉思汗領導合理性的三部曲

第一部曲：成吉思汗的恐怖故事
兄弟鬩牆，把兩個弟弟給◯◯！

第二部曲：成吉思汗的恐怖故事
「人類的幸福是什麼？」→驚人的回答……

第三部曲：成吉思汗的謹慎姿態
花費一年的時間檢證耶律楚材的「向農民大規模徵收稅金」政策

草原地帶放牧生活 →
- 糧食來源不足→紛爭不斷
- 每天騎馬→騎馬術
- 在草原地帶追趕獵物→眺望遠方

●用箭頭＋邏輯連接詞推展筆記內容

在抄寫板書的同時，將「這是什麼」「為什麼」等察覺點用邏輯連接詞推展，加深理解。

●掌控中央空間

依據板書，將糾纏不清的史實或疑問點等抽絲剝繭，用自己的話整理，加深理解。

應用實例 04 數學筆記

重點在這！

這是七天之內克服不拿手的數學科，學年排名一口氣進步到百名內的例子。只是改掉把胡亂抄寫黑板內容的習慣，換成用方格筆記本做筆記後，就變成井然有序且一目瞭然的筆記了。

①於不同內容之間畫「分隔線」，將資訊整理成易於閱讀、理解的格式。

②能正確描繪圖表，且因為有留白，版面整齊，容易理解整體流程或要點。

③將跨頁筆記的內容彙整成三個重點，寫在右上角的空間。

Case 04
數學筆記

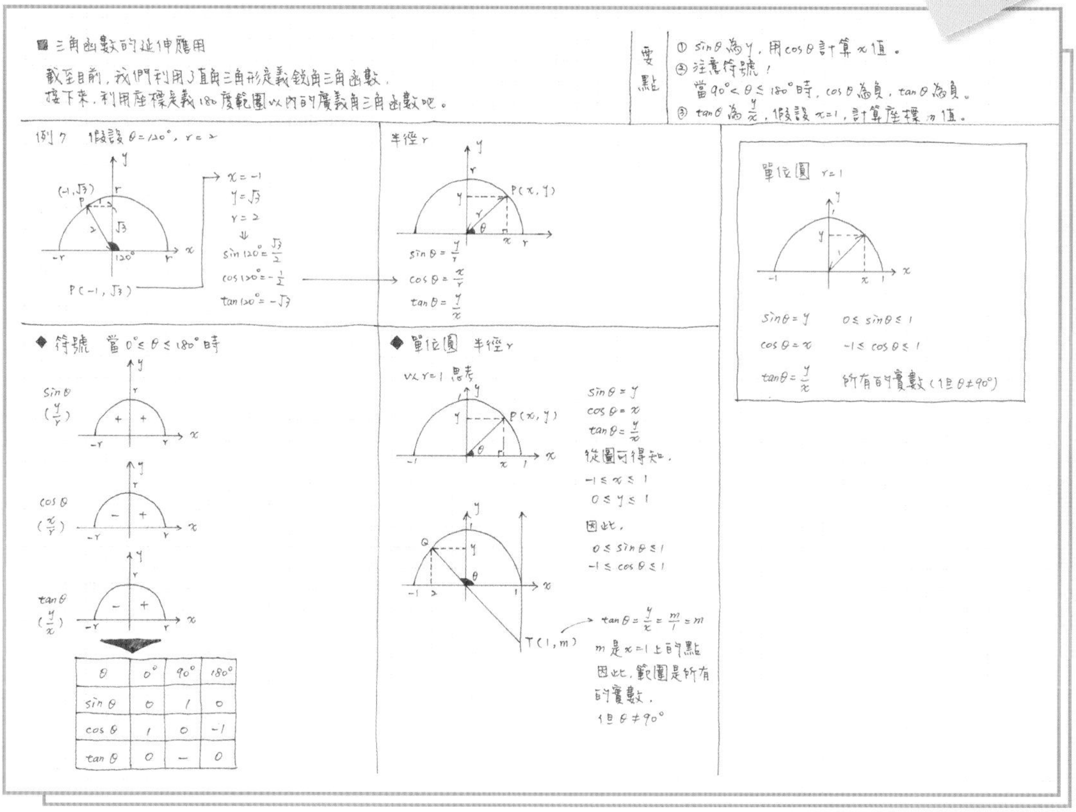

應用實例 05 英文學習筆記

重點在這！

此為利用英文報紙提升英語能力的例子。藉由方格筆記本，從用死背的方式轉變為用「理解」的方式學習英語。

①從你想要加強英語能力的相關教科書（此例為英文報紙）裁剪所需內容，貼在筆記本左側。

②閱讀裁剪下來的英文新聞，從文章內容中與加強英語能力相關的「學習重點」寫在右側的察覺點空間。

③最後，將學習內容整理成三個重點寫在右上方的標題空間。

Case 05 英文學習筆記

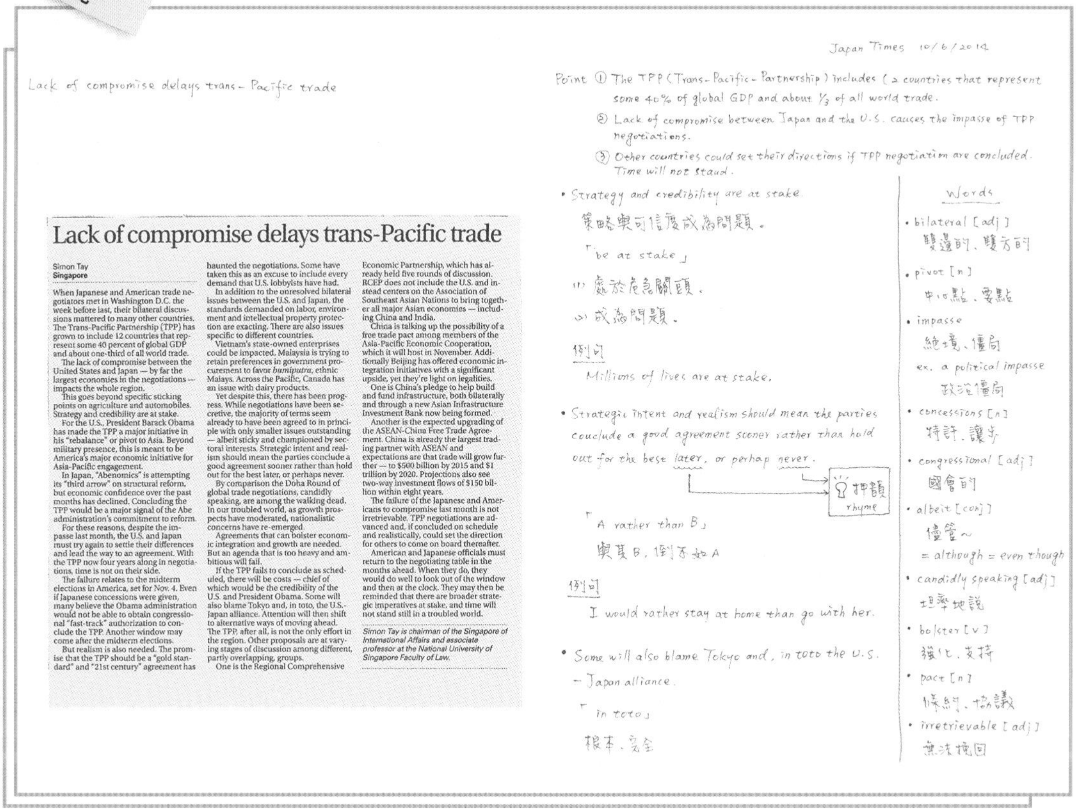

Lack of compromise delays trans-Pacific trade

Lack of compromise delays trans-Pacific trade

Simon Tay
Singapore

When Japanese and American trade negotiators met in Washington D.C. the week before last, their bilateral discussions mattered to many other countries. The Trans-Pacific Partnership (TPP) has grown to include 12 countries that represent some 40 percent of global GDP and about one-third of all world trade.

The lack of compromise between the United States and Japan — by far the largest economies in the negotiations — impacts the whole region.

This goes beyond specific sticking points on agriculture and automobiles. Strategy and credibility are at stake.

For the U.S., President Barack Obama has made the TPP a major initiative in his "rebalance" or pivot to Asia. Beyond military presence, this is meant to be America's major economic initiative for Asia-Pacific engagement.

In Japan, "Abenomics" is attempting its "third arrow" on structural reform, but economic confidence over the past months has declined. Concluding the TPP would be a major signal of the Abe administration's commitment to reform.

For these reasons, despite the impasse last month, the U.S. and Japan must try again to settle their differences and lead the way to an agreement. With the TPP now four years along in negotiations, time is not on their side.

The failure relates to the midterm elections in America, set for Nov. 4. Even if Japanese concessions were given, many believe the Obama administration would not be able to obtain congressional "fast-track" authorization to conclude the TPP. Another window may come after the midterm elections.

But realism is also needed. The promise that the TPP should be a "gold standard" and "21st century" agreement has haunted the negotiations. Some have taken this as an excuse to include every demand that U.S. lobbyists have had.

In addition to the unresolved bilateral issues between the U.S. and Japan, the standards demanded on labor, environment and intellectual property protection are exacting. There are also issues specific to different countries.

Vietnam's state-owned enterprises could be impacted. Malaysia is trying to retain preferences in government procurement to favor *bumiputra*, ethnic Malays. Across the Pacific, Canada has an issue with dairy products.

Yet despite this, there has been progress. While negotiations have been secretive, the majority of terms seem already to have been agreed to in principle with only smaller issues outstanding — albeit sticky and championed by sectoral interests. Strategic intent and realism should mean the parties conclude a good agreement sooner rather than hold out for the best later, or perhaps never.

By comparison the Doha Round of global trade negotiations, candidly speaking, are among the walking dead. In our troubled world, as growth prospects have moderated, nationalistic concerns have re-emerged.

Agreements that can bolster economic integration and growth are needed. But an agenda that is too heavy and ambitious will fail.

If the TPP fails to conclude as scheduled, there will be costs — chief of which would be the credibility of the U.S. and President Obama. Some will also blame Tokyo and, in toto, the U.S.-Japan alliance. Attention will then shift to alternative ways of moving ahead. The TPP, after all, is not the only effort in the region. Other proposals are at varying stages of discussion among different, partly overlapping, groups.

One is the Regional Comprehensive Economic Partnership, which has already held five rounds of discussion. RCEP does not include the U.S. and instead centers on the Association of Southeast Asian Nations to bring together all major Asian economies — including China and India.

China is talking up the possibility of a free trade pact among members of the Asia-Pacific Economic Cooperation, which it will host in November. Additionally Beijing has offered economic integration initiatives with a significant upside, yet they're light on legalities.

One is China's pledge to help build and fund infrastructure, both bilaterally and through a new Asian Infrastructure Investment Bank now being formed.

Another is the expected upgrading of the ASEAN-China Free Trade Agreement. China is already the largest trading partner with ASEAN and expectations are that trade will grow further — to $500 billion by 2015 and $1 trillion by 2020. Projections also see two-way investment flows of $150 billion within eight years.

The failure of the Japanese and Americans to compromise last month is not irretrievable. TPP negotiations are advanced and, if concluded on schedule and realistically, could set the direction for others to come on board thereafter.

American and Japanese officials must return to the negotiating table in the months ahead. When they do, they would do well to look out of the window and then at the clock. They may then be reminded that there are broader strategic imperatives at stake, and time will not stand still in a troubled world.

Simon Tay is chairman of the Singapore of International Affairs and associate professor at the National University of Singapore Faculty of Law.

Japan Times 10/6/2014

Point ① The TPP (Trans-Pacific-Partnership) includes 12 countries that represent some 40% of global GDP and about 1/3 of all world trade.
② Lack of compromise between Japan and the U.S. causes the impasse of TPP negotiations.
③ Other countries could set their directions if TPP negotiation are concluded. Time will not staud.

• Strategy and credibility are at stake.
策略與可信度成為問題。
「be at stake」
(1) 處於危急關頭。
(2) 成為問題。
例句
Millions of lives are at stake.

• Strategic intent and realism should mean the parties couclude a good agreement sooner rather than hold out for the best later, or perhap never.
押韻 rhyme
「A rather than B」
與其B，倒不如A
例句
I would rather stay at home than go with her.

• Some will also blame Tokyo and, in toto the U.S. - Japan alliance.
「in toto」
根本、完全

Words
• bilateral [adj] 雙邊的、雙方的
• pivot [n] 中心點、要點
• impasse 絕境、僵局
ex. a political impasse 政治僵局
• concessions [n] 特許、讓步
• congressional [adj] 國會的
• albeit [conj] 儘管~ = although = even though
• candidly speaking [adj] 坦率地說
• bolster [v] 強化、支持
• pact [n] 條約、協議
• irretrievable [adj] 無法挽回

應用實例 06 國文筆記

重點在這！

從「將黑板一次不漏抄下來」的習慣，轉變成「思考」的國文筆記的關鍵在於，「加大筆記尺寸」與「標題＋三分割」。此例的筆記本為A4尺寸（跨頁為A3大小）。如果是用這個尺寸的筆記本，有以下優點：

①能夠將課堂黑板的內容，由右至左抄寫到廣闊的中央空間。

②將學習要點整理至下方空間。此時，使用圖解（方格或箭頭）能有效地視覺化內容。

③將詞彙或慣用語寫到預留的左側空間，在考試前能快速瀏覽複習。

Case 06
國文筆記

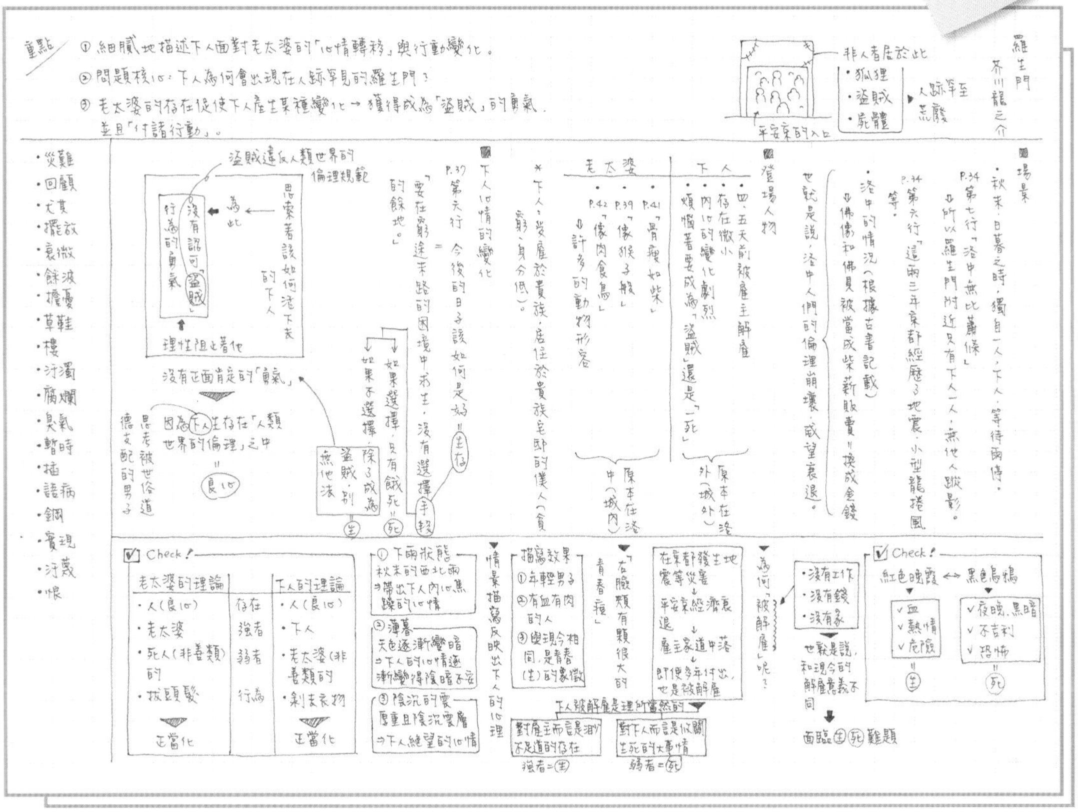

應用實例 07 研習筆記

重點在這！

能視覺化地重現上研習課程時的要點。閱讀筆記要點，如同重回研習課程，重溫課堂時的感受與想法。就像是簡報的投影片，視覺化地整理要點，進化成高重現性的筆記。

①一則資訊為一個單位，如便利貼一樣視覺化地整理資訊。

②從挑選出的要點中，將察覺點、問題或疑問寫至中央空間。

③將研習課程的三個重點寫在右上方，然後將之後預定的行動列舉至右下方。

Case 07
研習筆記

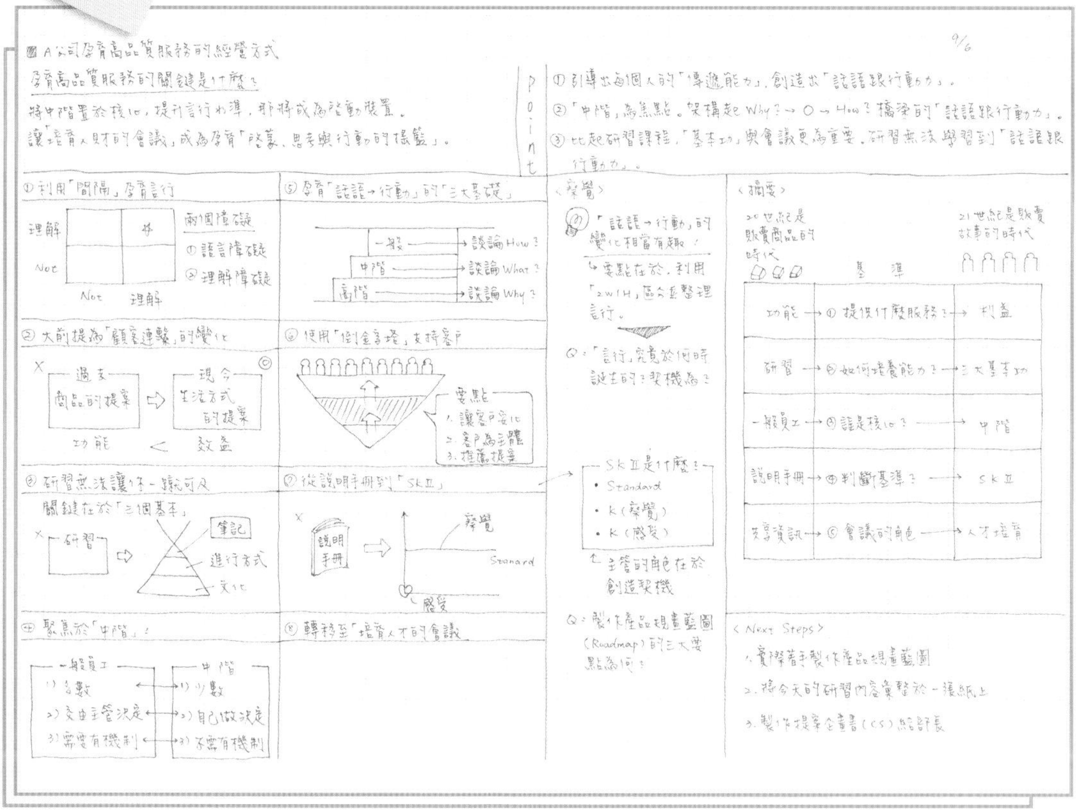

使用方格筆記本聰明做筆記！

只要使用方格筆記本，在「那本暢銷書」中出現的各種讓頭腦變聰明的方法，你也可以在自己的筆記本上實踐！「方格筆記本」×「聰明筆記法」，讓你的能力無限延伸。

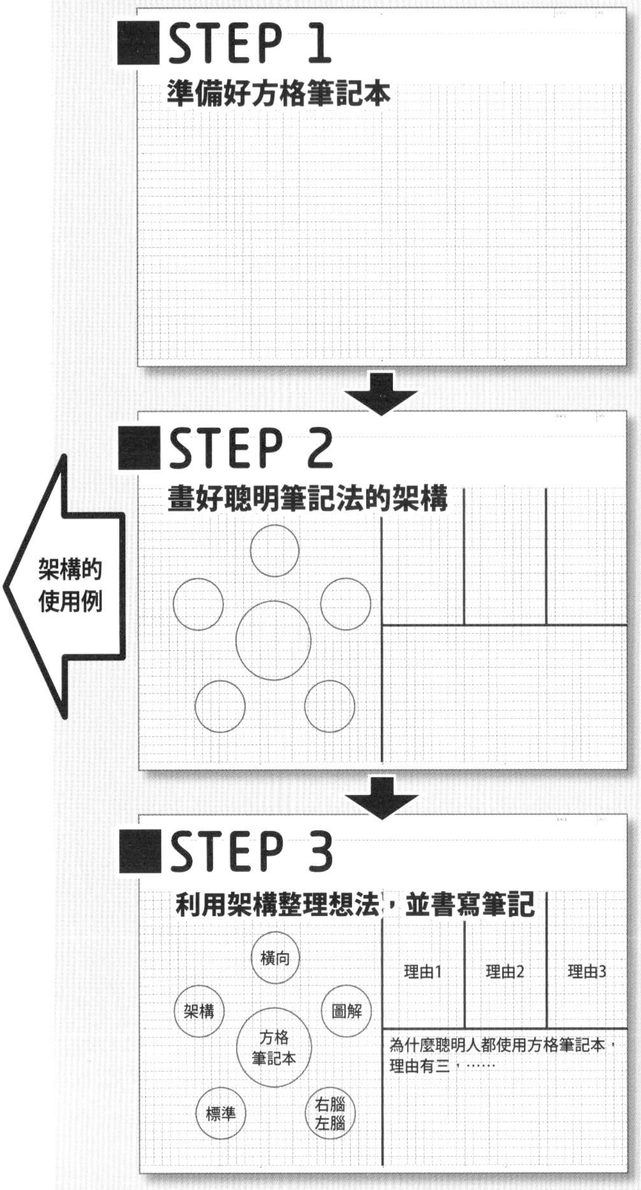
STEP 1
準備好方格筆記本
STEP 2
畫好聰明筆記法的架構
架構的使用例
STEP 3
利用架構整理想法，並書寫筆記
橫向
架構
圖解
方格筆記本
標準
右腦左腦
理由1
理由2
理由3
為什麼聰明人都使用方格筆記本，理由有三，……

●這就是方格魔法！

只是延著橫軸與縱軸的輔助線畫出方格，就變成可以使用「聰明筆記法（架構）」的筆記本。

稍微動動手加上「思考的輔助線」，便能輕鬆「讓頭腦變聰明」，這就是方格筆記本的魅力所在。

簡單幾個步驟，
便能點石成金。
知道好方法，
卻遲遲未著手實踐，
問題應該就是
出在筆記本上頭。

Nakabayashi的「邏輯思考筆記（Think Note）」。為使用者預留「標題空間」，並刻印畫分空間刻度（功能型）為其特色。

■應用方法5）藉由橫線與直線畫分空間，你的筆記就是世界通用工具「商業模式畫布」！

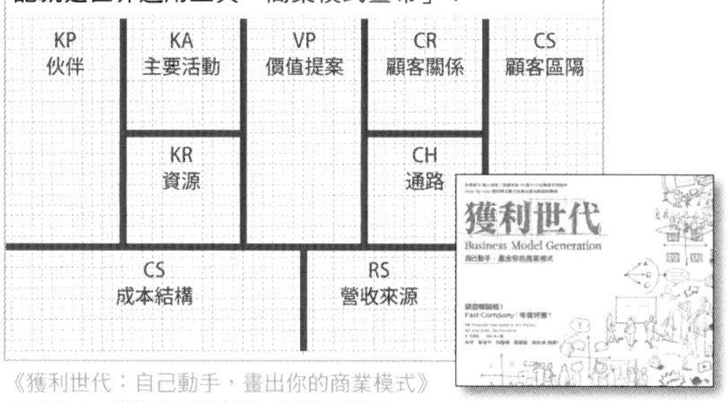

《獲利世代：自己動手，畫出你的商業模式》亞歷山大．奧斯瓦爾德等著／早安財經）

■應用方法6）三條直線、兩條橫線，讓筆記本成為製作簡報投影片時不可或缺的「故事圖」！

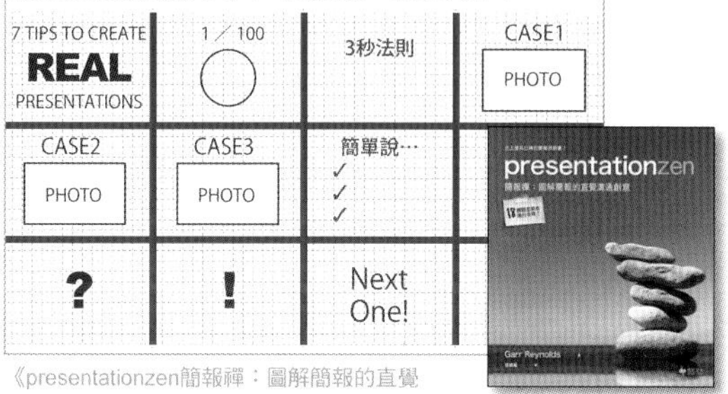

《presentationzen簡報禪：圖解簡報的直覺溝通創意》（Garr Reynolds 著／悅知文化）

■應用方法7）藉由筆記本壓印的方格畫出2x3的表格，就變成「全腦思考圖表」！

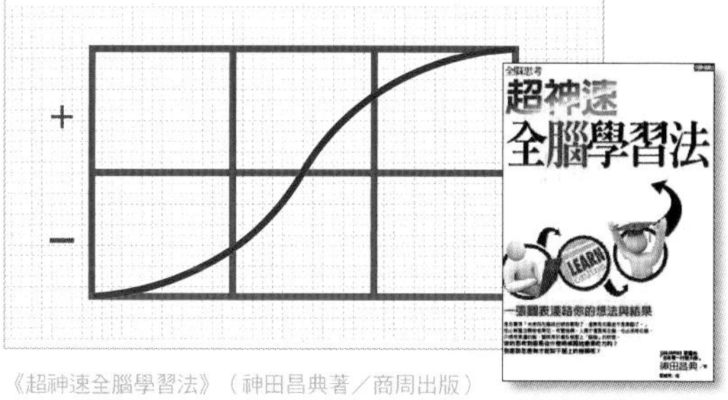

《超神速全腦學習法》（神田昌典著／商周出版）

■應用方法8）各畫兩條直線與橫線，繪製出3x3方格的「曼陀羅圖」！

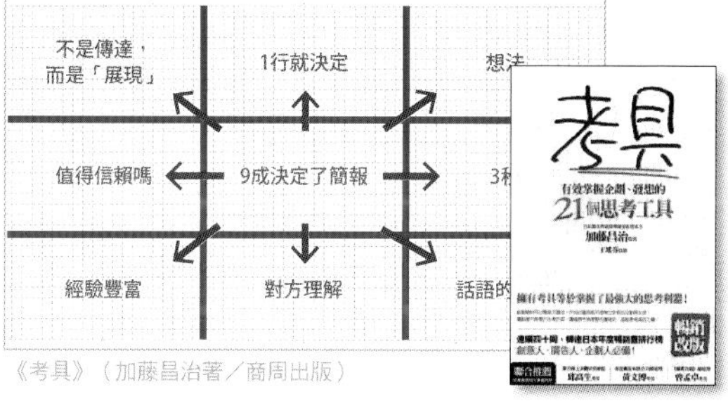

《考具》（加藤昌治著／商周出版）

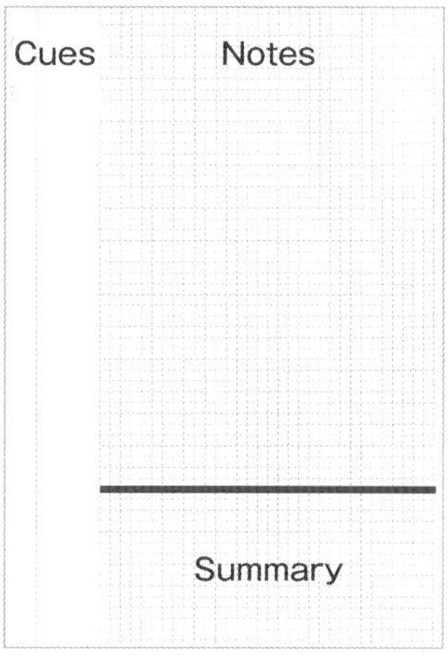

■應用方法1）
只要畫一條橫線，就能實踐《後段班辣妹應屆考上慶應大學的故事》書中也出現過的，美國知名大學生使用之「康乃爾式筆記法」。

《後段班辣妹應屆考上慶應大學的故事》（坪田信貴著／圓神出版）

■應用方法2）畫三條直線、一條橫線，立刻變成「麥肯錫筆記」！

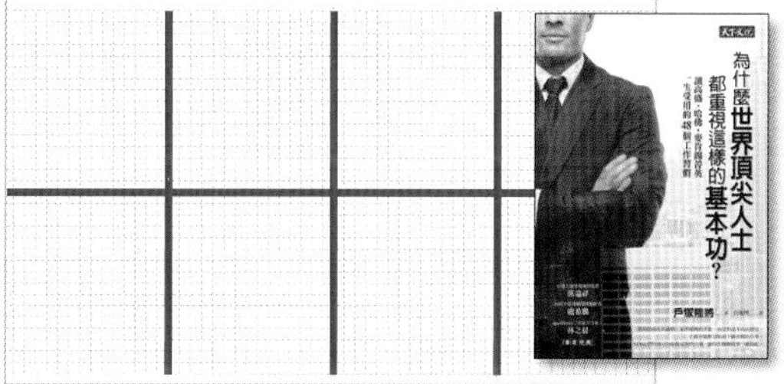

《為什麼世界頂尖人士都重視這樣的基本功？》（戶塚隆將著，莊雅琇譯，經遠見天下文化出版）

■應用方法3）藉由橫線與直線畫分空間，讓筆記變身為世界學力第一的「芬蘭式筆記法」！

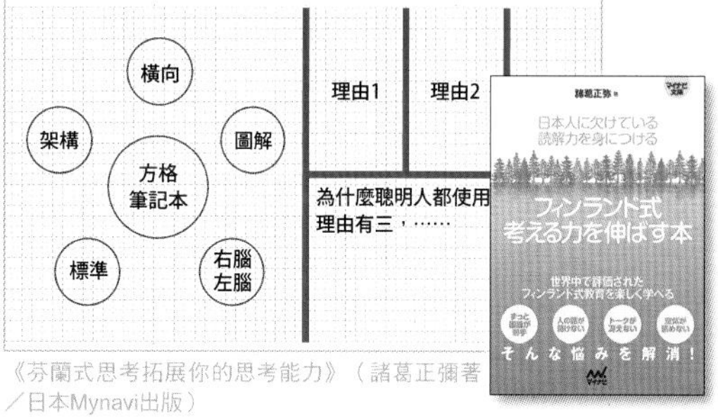

《芬蘭式思考拓展你的思考能力》（諸葛正彌著／日本Mynavi出版）

■應用方法4）各畫兩條直線與橫線，簡單描繪「金字塔流程圖」！

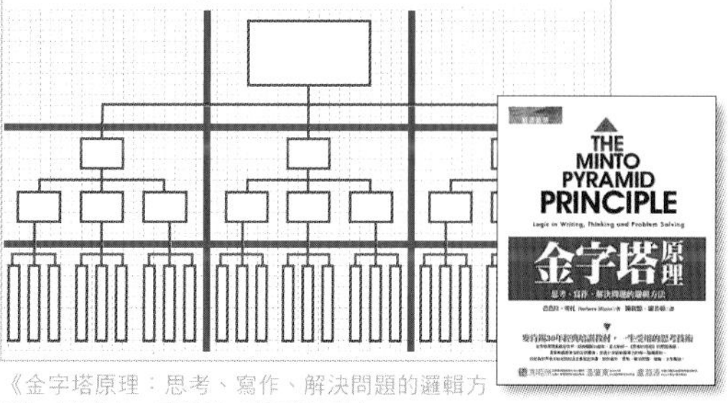

《金字塔原理：思考、寫作、解決問題的邏輯方法》（芭芭拉．明托著／經濟新潮社）

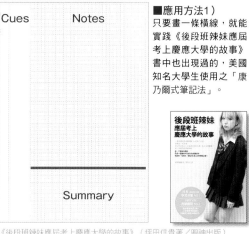

孩子的第一本方格筆記本

小學生也可以使用的「第一本方格筆記本」。養成抓出三個重點的習慣，成績提升立即見效！即便不擅長寫讀書心得文的孩子，也能行文如流水！

Point 1 做筆記時，先不要在筆記本的右頁抄寫，讓右頁空白！

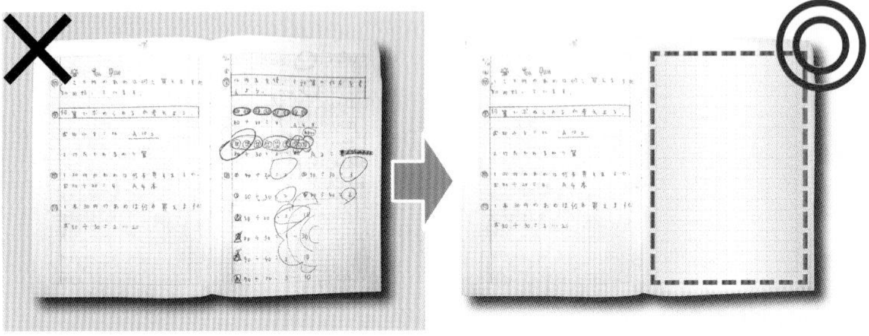

小撇步一點靈

首先，教導孩子在做筆記時，先不要在筆記本的右頁抄寫，讓右頁空白。一開始無法在右頁寫下自己的察覺點或歸納也沒關係。只要不斷地練習，右頁的空間不知不覺之間會逐漸被填滿，那就是「察覺能力」與「歸納能力」進步的證據。筆記的右側空白處，就是能激發潛能的「**神奇的右側空間**」。

Point 2 加大筆記本尺寸，以A4尺寸筆記本為原則！

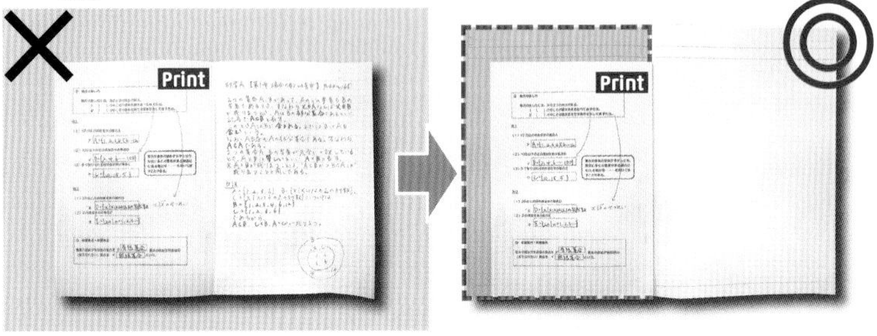

B5筆記本　　A4筆記本

小撇步一點靈

配合試卷寫解答，將試卷貼到筆記本上，然後就結束學習的學生很多。不要只是背誦重點，而是讓筆記本進化成能自己找出察覺點、思考且深入理解的筆記。筆記本**加大成A4尺寸**，筆記本右側留白，在空白處上展開思考。

Point 3 用「三個重點」整理筆記！

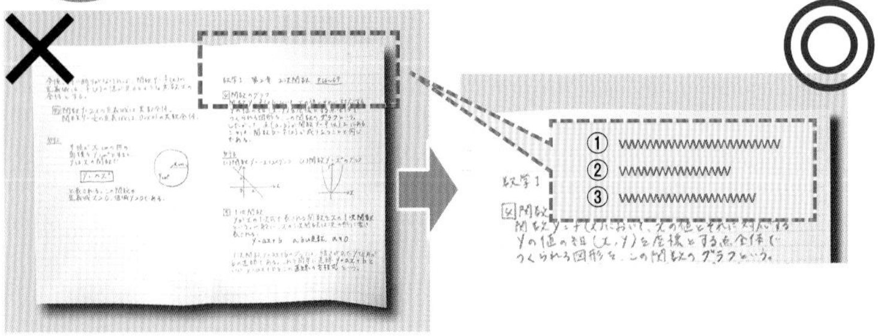

小撇步一點靈

這個是聰明學生實踐的筆記習慣。寫完筆記後，一定要將筆記內容整理成**「三個重點」**。此重點整理的筆記習慣，透過每天抄寫筆記的過程，提升重點的理解與整理能力，成績也會明顯進步。

3 個步驟，讓你寫出通順流暢的讀書心得！

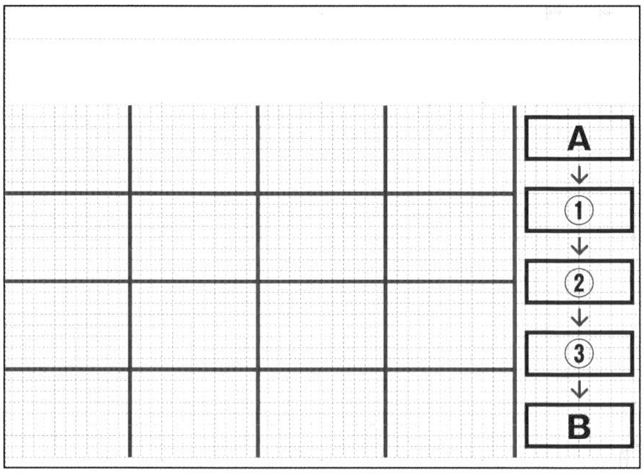
A
①
②
③
B

Step 1

在方格筆記本上頭繪製如左圖的表格。

Step 2

開始閱讀書籍之前，先在左側第一列寫出閱讀此書的契機或理由。然後，一邊閱讀，一邊將察覺點或覺得感動的要點寫在中間兩列格子中。在最後一列的方格中寫下讀後感想。
然後，依據「A＝契機」「B＝讀後感想」「①②③＝要點」的方式整理。

Case 08
讀書心得
「野口英世」を読んで
「勉強のスイッチ」は三度押される。

Step 3

最後，依照 A→①②③→ B 的順序，組合成文章謄寫到稿紙上就完成了！

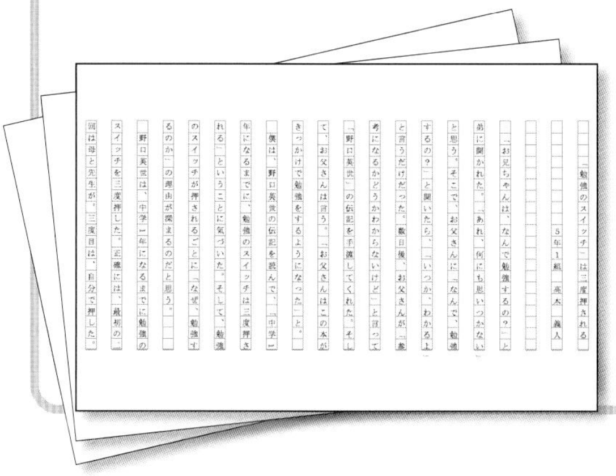

我家孩子暑假作業的作文得到金獎！
我們班上的孩子在作文比賽中得名！

43歲，家庭主婦

37歲，男性，教師

Chapter03

人生基本功！掌握「學習筆記」的精髓！

重點整理

Summary 01
配合不同的人生階段，使用不同的筆記方法。

Summary 02
筆記本有「記憶」「思考」「傳達」三大功能。

Summary 03
改掉「將黑板一字不漏抄下來」的筆記習慣。

Summary 04
在「黑板→抄寫」這段期間創造出「空白的一秒鐘」。

Summary 05
學習筆記以「跨頁，一個主題」為原則。

Summary 06
在廣闊的跨頁上使用黃金三分割法。

Summary 07
將重點或問題點寫在中央空間。

Summary 08
利用邏輯連接詞與箭頭，讓資訊視覺化。

Summary 09
在歸納空間消除問題、歸納筆記內容。

Why do smart people use squared notebooks?

Chapter04

「工作筆記」捨棄不必要資訊，快速導出結論！

01 社會人士的筆記重點在「捨棄」

02 策略顧問，即便是做筆記也有「策略」

03 使用方格筆記本，提高「提問力」

方格魔法5 簡單、爽快！待辦清單

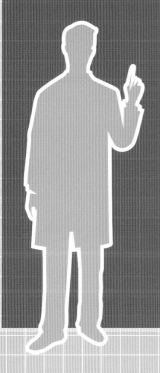

01

社會人士的筆記重點在「捨棄」

**商務人士筆記的最大功能就是辨識需要「捨棄」的資訊。
不整理資訊，這個也寫那個也抄的「肥胖筆記」使你一事無成。**

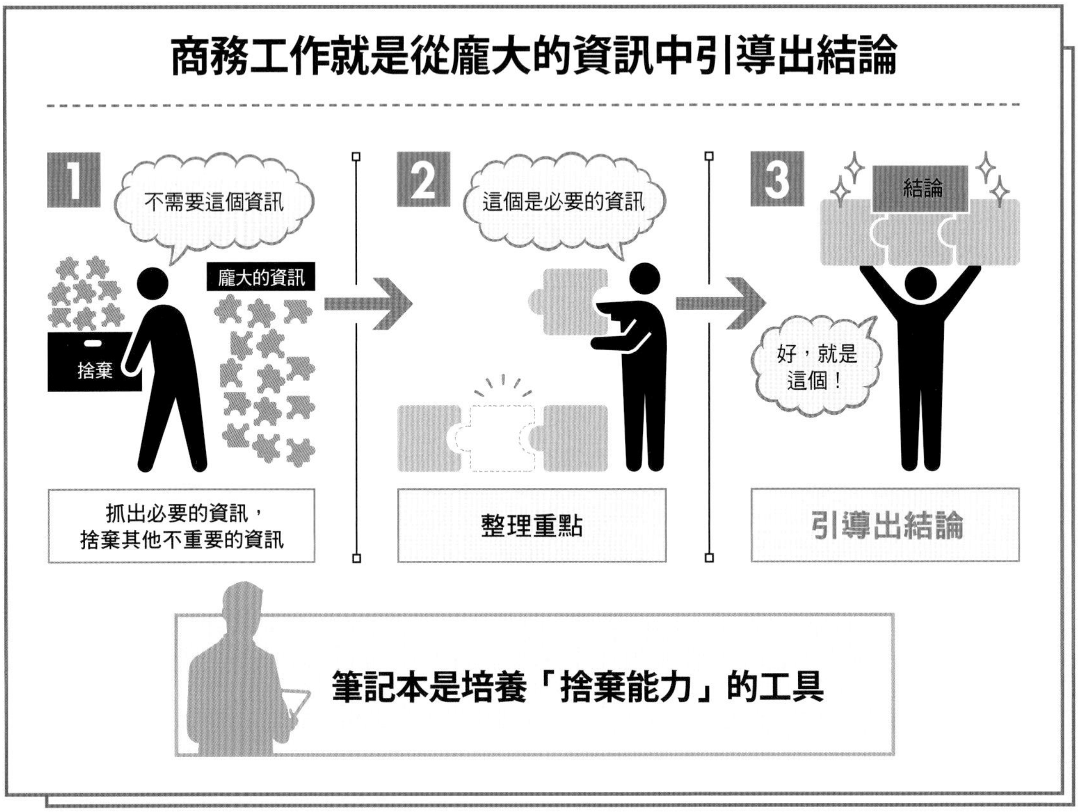
商務工作就是從龐大的資訊中引導出結論
1
不需要這個資訊
龐大的資訊
捨棄
抓出必要的資訊，
捨棄其他不重要的資訊
2
這個是必要的資訊
整理重點
3
結論
好，就是
這個！
引導出結論
筆記本是培養「捨棄能力」的工具

社會人士的筆記是捨棄資訊的工具

你是否知道學生跟社會人士的筆記有絕對的差異？

學生時代的學習筆記，是用來「儲存」知識的筆記。相反的，成為社會人士之後，筆記的功能有了一百八十度大轉變，工作筆記是為了「捨棄」而存在的。

工作必然需要接觸大量的資訊。從那龐大的資訊中找出能連結到成果的重要資訊，整理重點，引導出結論，這就是商務工作的基礎。

商務人士的筆記就是為此而存在的工具。其中，工作筆記是為「捨棄」而製作的筆記，最大的功能就是辨別需要「捨棄」的資訊。

將錯綜複雜、在腦中流竄的資訊，用方格筆記本的三分割法整理，引導出最終結論。這個過程的效率與準確度，有能力的人與沒能力的人天差地遠。

Point 你一定要知道的重點

1 工作筆記是為了「捨棄」而存在的。

2 改掉「肥胖筆記」的習慣。

3 和「使用方格筆記→捨棄→引導出結論」搭配，鍛鍊「捨棄能力」。

「肥胖筆記」會讓你一事無成

「捨棄筆記」的相反詞就是「肥胖筆記」。「肥胖筆記」就是沒有區分重要與不重要的資訊，全部都寫進筆記中，是典型的「讓你無法發揮能力的筆記」。

網路的龐大資訊、頻繁的會議、堆積如山的文件和口頭的交談內容等，如果不趕快寫下來，就稍縱即逝。

「想到什麼就寫什麼」「總之，先寫下來」「總有一天會用到」……抱持著這樣的想法所寫下的資訊，往後幾乎不會使用。

遲遲不改掉「肥胖筆記」的習慣，就非常有可能會變成一事無成的商務人士。

「肥胖筆記」讓你無法獲得成果

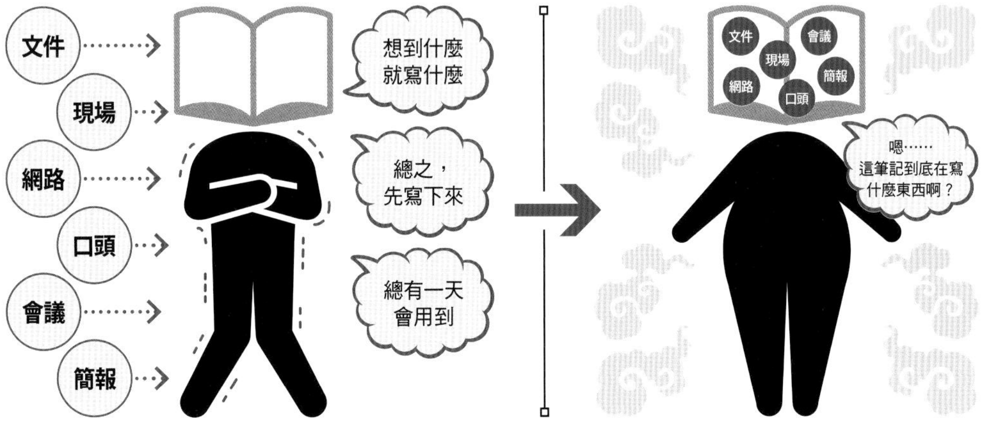
文件
現場
網路
口頭
會議
簡報
想到什麼就寫什麼
總之，先寫下來
總有一天會用到
文件
會議
現場
網路
簡報
口頭
嗯……這筆記到底在寫什麼東西啊？

「這個也寫，那個也抄」會模糊重點！

策略顧問，即便是做筆記也有「策略」

一邊捨棄資訊，一邊做筆記，能快速引導出結論。
策略顧問聚焦於最重要的資訊上，擬定出漂亮的策略。

「捨棄」＝「讓頭腦變聰明的筆記」的基礎

有能力的商務人士無時無刻、在任何狀況下都依循著「捨棄不必要資訊」的原則整理想法。

為此，使用方便整理資訊的筆記本相當重要。而方便整理資訊的筆記本，當然就是「方格筆記本」。

使用方格筆記本，毫不猶豫地「捨棄」不必要的資訊，這是「讓頭腦變聰明的筆記」的基礎。

當你掌握必要與不必要的資訊做筆記，筆記會變得簡潔清爽。同時，大腦也會變得清晰、思緒流暢，得以快速地引導出結論。

養成一邊做筆記，一邊瞬間判斷「這個資訊是否要寫下來」的習慣，便可磨練商務技能。

有能力的人會捨棄不必要的資訊做筆記

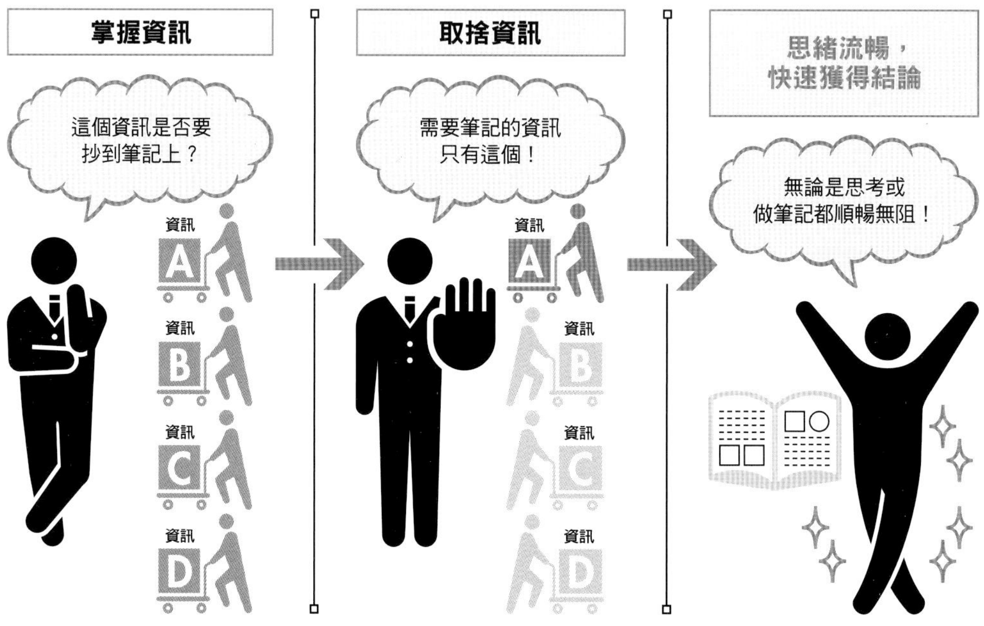
掌握資訊
這個資訊是否要抄到筆記上？
資訊
A
資訊
B
資訊
C
資訊
D
取捨資訊
需要筆記的資訊只有這個！
思緒流暢，快速獲得結論
無論是思考或做筆記都順暢無阻！

策略顧問聚焦於「1個」重點之上，捨棄不必要的「99個」資訊

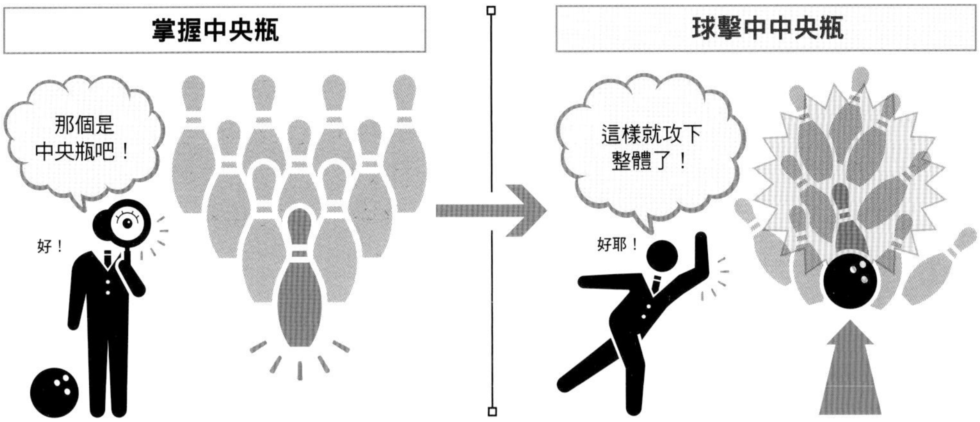
掌握中央瓶
那個是
中央瓶吧！
好！
球擊中中央瓶
這樣就攻下
整體了！
好耶！

建構攻下中央瓶的策略，就結果而言，
就可以攻下整體！

策略顧問將「捨棄技術」集大成於一身

麥肯錫顧問公司、波士頓顧問公司等，可說是策略顧問公司的業界翹楚。

策略顧問所寫的筆記，不拖泥帶水，在寫完的同時就推論出解決問題的策略。

為何他們可以做出那樣的筆記呢？理由在於他們將「捨棄技術」集大成於一身。他們可以在「100個」資訊中找出最重要的「1個」重點，聚焦於那「1個」重點之上，然後果斷地捨棄剩下的「99個」資訊。

以打保齡球為例，他們的筆記就是無偏差、瞄準中央瓶的筆記。精準掌握要點，果斷捨棄不必要的資訊，讓你的筆記進化吧。

Point 你一定要知道的重點

1 **讓頭腦變聰明的筆記的基本在於「使用方格筆記本，捨棄不必要的資訊」。**

2 **在100的資訊中找出最重要的「1個」重點。**

3 **易於整理的筆記＝藉由方格筆記本鍛鍊「捨棄的技巧」。**

使用方格筆記本，強化「提問力」

顧問透過「詢問」摸索問題核心，並思考改善策略與解決方案。
養成一定寫下「標題」的筆記習慣，便能磨練「提問能力」。

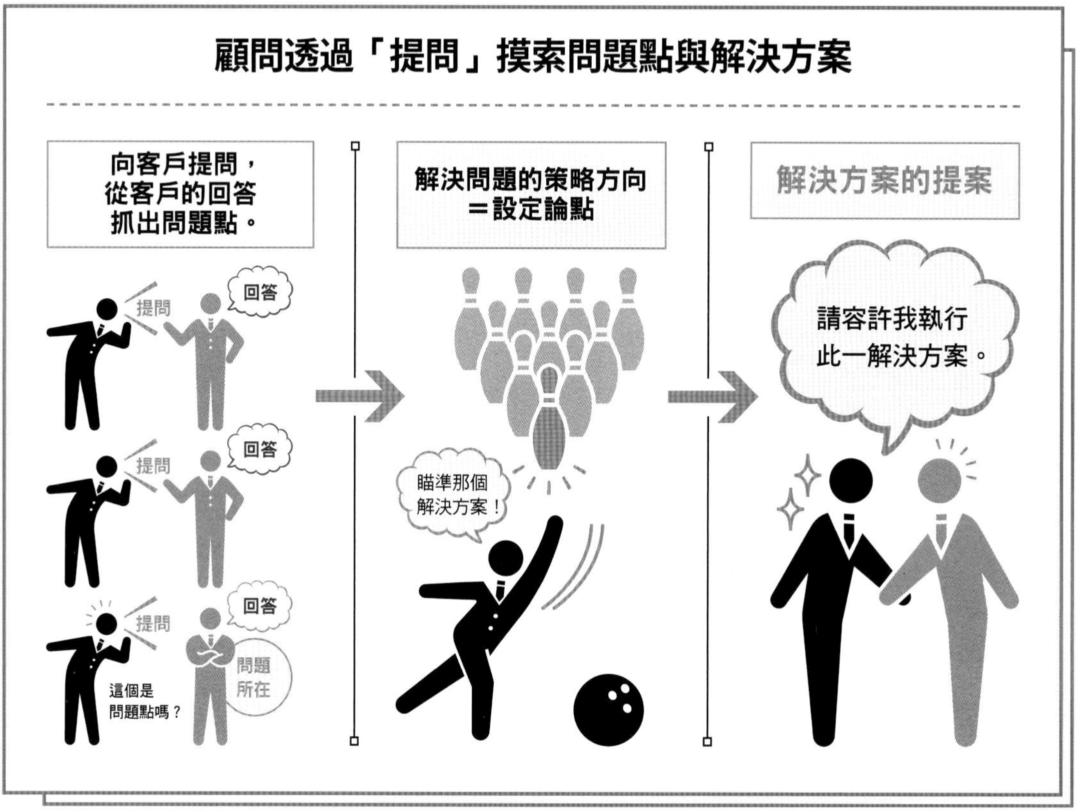
顧問透過「提問」摸索問題點與解決方案
向客戶提問，
從客戶的回答
抓出問題點。
提問
回答
提問
回答
提問
回答
這個是
問題點嗎？
問題
所在
解決問題的策略方向
＝設定論點
瞄準那個
解決方案！
解決方案的提案
請容許我執行
此一解決方案。

顧問透過「提問」摸索問題點

外商顧問常被比喻為企業的醫生。

一位醫術高超的醫生，從問診中就可以探查出病症的狀況、程度與治療方法，當問診結束時，也差不多就引導而出結論了。

顧問正是這樣一邊「問診」，一邊循著諮詢重點尋找論點。所謂顧問的問診，就是向客戶「詢問」各種狀況。透過「提問」摸索問題核心，以「一邊提問一邊找問題」的治療法，思考問題點的改善策略與解決方案，然後向客戶提案。

也就是說，工作的第一步是向對方詳細確認「問題是什麼？」。透過徹底「提問」，找出對方問題的癥結，這是找出解決策略的方向性的必要條件。

Point 你一定要知道的重點

1. 「提問」是工作基本中的基本。
2. 透過「提問」摸索問題核心。
3. 養成書寫「標題」的習慣，鍛鍊「提問力」。

書寫「論點」的方格筆記本能鍛鍊提問力

接下來，要如何培養提問能力、找出論點呢？在培養這個能力的過程中，方格筆記本扮演了關鍵性的角色。

在方格筆記本寫上「標題」，以「一頁一個主題」使用方格筆記本，也是必須遵守的原則。

方格筆記本一頁只寫一個「論點」。一旦寫下標題，腦袋自然會浮現「為什麼要下這個標題？」「能夠回應這個標題的答案是什麼？」等疑問。

「提問力」能磨練對問題的敏銳度。也就是說，養成一定在方格筆記本加上「標題」的習慣，自然會學會「提問力」。

在筆記上寫下標題，是鍛鍊提問力的第一步

論點 □□□□□□□□
結論 □□□□□□□□
先寫下標題
為何下這樣的標題？
能夠回應這個標題的答案是什麼？
培養提問力！

養成寫「標題」的習慣，
於做筆記的同時鍛鍊「提問力」。

簡單、爽快！待辦清單

將條列式的待辦事項，轉化為「九宮格」或「便利貼」的視覺化待辦清單。

不論是版面、效率、動力或是成果的品質都往上提升！
像是玩遊戲般有效完成工作
「九宮格待辦清單」

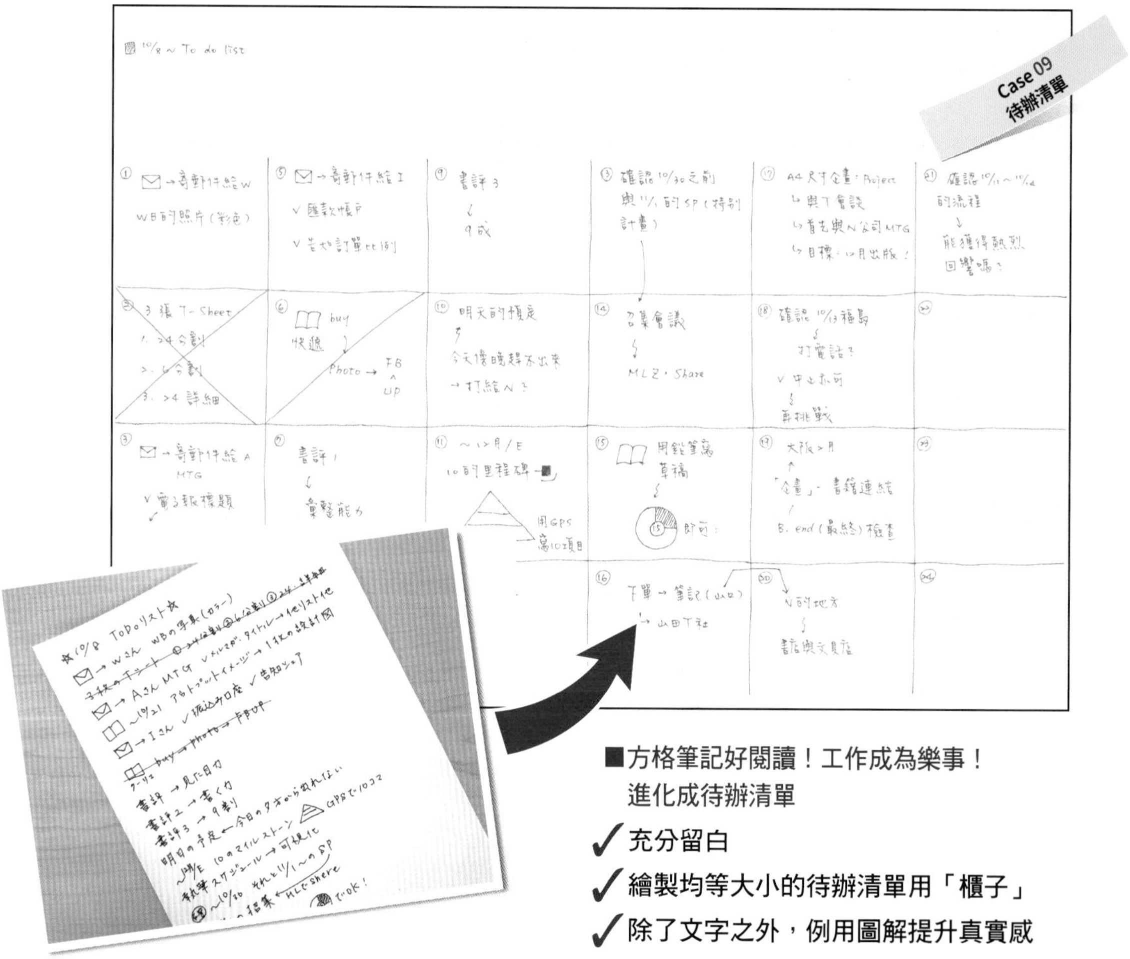

■方格筆記好閱讀！工作成為樂事！
進化成待辦清單

✓充分留白

✓繪製均等大小的待辦清單用「櫃子」

✓除了文字之外，例用圖解提升真實感

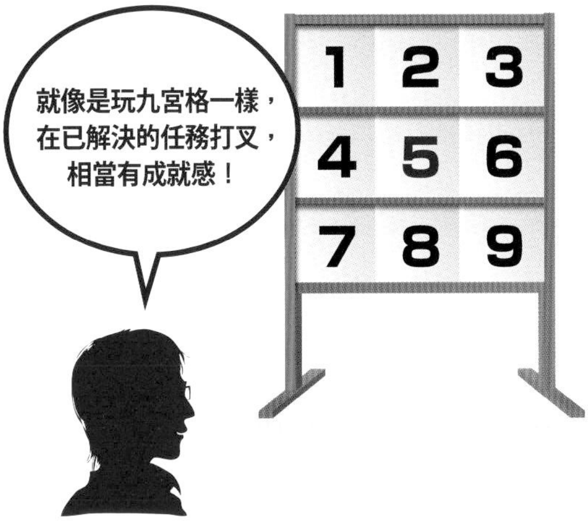
就像是玩九宮格一樣，
在已解決的任務打叉，
相當有成就感！
1 2 3
4 5 6
7 8 9

28歲，男性，IT企業業務

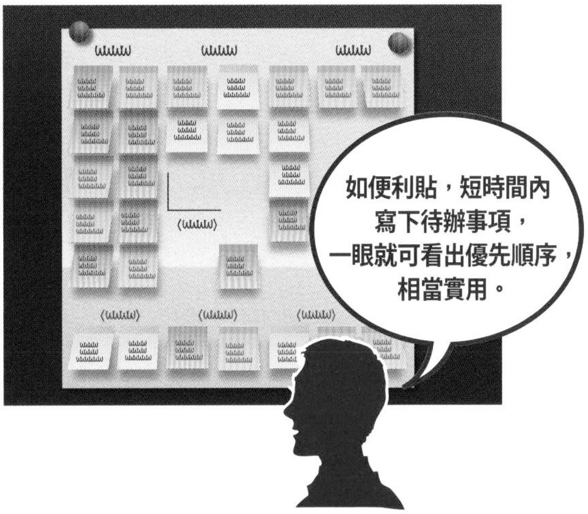
如便利貼，短時間內
寫下待辦事項，
一眼就可看出優先順序，
相當實用。

36歲，男性，公務員

像是玩九宮格、使用便利貼般，
按部就班地解決工作任務！

於晨會大家提出
各自的待辦事項，
彼此確認。

42歲，女性，看護

■利用「櫃子」整理待辦事項……

- ✓像使用便利貼，有效寫出工作任務。
- ✓完成任務後打叉，成就感提升工作動力。
- ✓視覺化、瞬間理解還有多少任務需要處理。

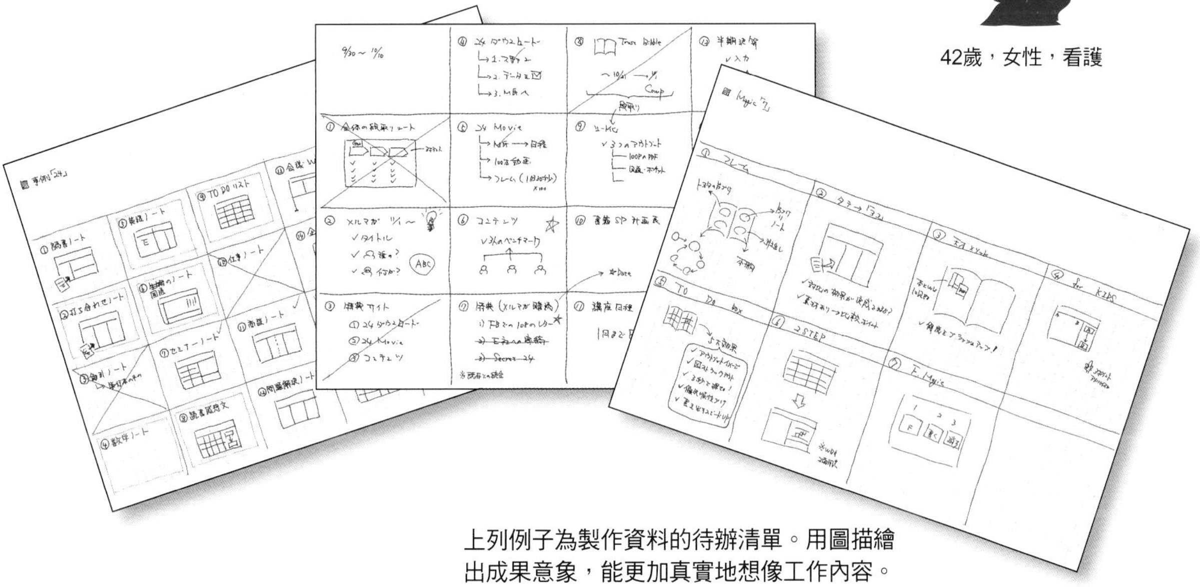

上列例子為製作資料的待辦清單。用圖描繪出成果意象，能更加真實地想像工作內容。

Chapter04 「工作筆記」捨棄不必要資訊，快速導出結論！ 重點整理

Summary 01
社會人士的筆記，是捨棄資訊的工具。

Summary 02
不要焦急，慢慢擺脫肥胖筆記的習慣。

Summary 03
利用三分割法整理資訊，引導出最終結論。

Summary 04
一邊捨棄資訊，一邊做筆記。

Summary 05
練就捨棄的技巧，找出解決問題的第一步。

Summary 06
工作的第一步是確認「問題是什麼？」。

Summary 07
只要養成寫「標題」的習慣，自然學會「提問力」。

Summary 08
「提問」是工作基本中的基本。

Summary 09
在方格筆記本的「標題空間」寫下論點。

Why do smart people use squared notebooks?

Chapter05

精通「簡報筆記」，一生受用的武器！

01 工作筆記的最終目標，是達到「簡報筆記」的境界

02 有能力的外商顧問，會把焦點放在「事實」上

03 麥肯錫顧問和豐田精通「5個為什麼」

04 濃縮成一個訊息

05 外商顧問貫徹的「行動基礎」是？

特別收錄 方格筆記本使用範例〈工作筆記篇〉

方格魔法6 方格筆記術兩大步驟

方格魔法7 魔擦筆魔法

01

工作筆記的最終目標，是達到「簡報筆記」的境界

因為「簡報資料」，外商顧問公司的顧問才能夠獲得高薪，而生產簡報資料的地方就在「方格筆記本」。

進化成「帶進錢財的筆記」

無用的工作筆記
帶進錢財的筆記
收入
節節高升！
有邏輯地彙整資訊

進化成「帶進錢財的筆記」

「簡報能力」越出色，年收入也越會節節高升。

外商顧問的高薪資是眾所皆知，他們之所以能夠獲得高薪，是因為交付給客戶的「簡報資料」。而生產簡報資料的地方就在「方格筆記本」。

提案能力（簡報能力）是工作能力，而工作筆記的最終目標就是成為「簡報筆記」。簡報筆記也可說是「帶進錢財的筆記」。如果能夠做出這樣的筆記，此技能會成為你一生的武器。

「簡報筆記」最重要的要件，就是依據邏輯思考，彙整資訊。

以下說明工作筆記的最終進化目標「簡報筆記」技巧的學習要點。

Point 你一定要知道的重點

1. **年收入與「簡報能力」成正比。**

2. **工作筆記的最終目標是「簡報筆記」。**

3. **「論點」→「事實・解釋・行動」→「結論」的流程書寫筆記。**

藉由方格筆記本訓練「邏輯思考能力」

商務人士需要英語能力跟邏輯思考能力。訓練英語能力與邏輯思考能力的關鍵在於「反覆練習」，每天在工作時反覆鍛鍊英語跟邏輯思考。

當你想鍛鍊體魄時，就會去健身房。而鍛鍊邏輯思考能力的健身房，就是本書討論的核心「方格筆記本」。每天有「邏輯」地做筆記，便能夠鍛鍊邏輯思考能力。

具體而言，「建立論點」作為起點，以「事實↓解釋↓行動」。然後做出結論」的流程書寫筆記。

反覆這樣的筆記方法，持續不間斷，筆記技巧會顯著提升，同時也會磨練你的邏輯思考能力。

重點就在於「有邏輯地書寫筆記」
每天的筆記並非有邏輯地書寫
無法鍛鍊邏輯思考能力
完全不能理解……
仍然不擅長邏輯式思考
每天有邏輯地書寫筆記
得以鍛鍊邏輯思考能力
原來如此！
擅長邏輯式思考

有能力的外商顧問，會把焦點放在「事實」上

外商顧問思考如此敏捷的最大原因在於，他們將「依據事實思考」的原則謹記在心，徹底執行。

諾貝爾獎得主「讓頭腦變聰明的基本功」

因〈雙螺旋〉而聞名全球的諾貝爾生理學與醫學獎得主詹姆斯・華生曾說：「教育的基本就是『依據事實思考』。」這不僅是教育的基本，也是職場的鐵則。**重點在於區分「事實」與「意見」**。非以「事實」，而只是以「先入為主」的「意見」提出主張，是典型的糟糕例子。

外商顧問思考如此敏捷的最大原因在於，他們將「依據事實思考」的原則謹記在心，徹底執行。

但是，大多數人不曾被教導過「用顏色區分事實與意見」。如果你覺得「無法彙整自己的想法」「引導出來的意見缺乏說服力」，非常有可能是因為沒有用顏色區分「事實」跟「意見」所致。

有能力的人依據事實思考

用方格筆記本鍛鍊思考

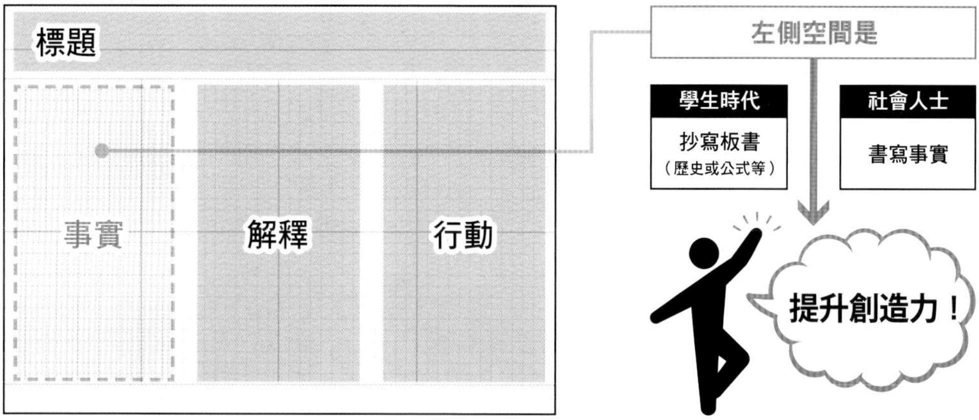
標題
事實
解釋
行動
左側空間是
學生時代
抄寫板書
（歷史或公式等）
社會人士
書寫事實
提升創造力！

每天都到方格筆記本健身房報到，鍛鍊思考。

思考的基本就是「依據事實思考」

「依據事實思考」是強大的武器。

工作筆記中，被畫分為三等份的左側空間是「資訊」，也就是寫下「事實」的空間。「在左側空間寫上事實」，跟學習筆記的「在左側空間寫上板書」是同樣道理，如老師在黑板上寫的板書是歷史上的事實或數學公式等「事實」。

所以，如果在學生時代時就以記錄「板書＝事實」，然後將之故事化為「察覺點＝解釋」的方法做筆記，當進入職場成為社會新鮮人時，你已經跑在對手前面。

Point 你一定要知道的重點

1. **「依據事實思考」這不僅是教育的基本，亦為職場鐵則。**
2. **養成用顏色區分「事實」與「意見」的習慣。**
3. **故事化「事實→察覺點」的筆記方法，讓你遙遙領先對手。**

03

麥肯錫顧問和豐田精通「5個為什麼」

在方格筆記本上使用「三個工具」，視覺化地推展「5個為什麼」，能有效且策略性地培養思考能力。

用「5個為什麼」查明問題的根本原因

我在學習筆記的章節已提過「控制了中央空間的人，就掌握了學習關鍵」，並說明關鍵就在於「邏輯連接詞」與「三個箭頭」的使用。

工作筆記也相同，「控制了中央空間的人，就掌握了工作職場」。

只是，職場所涉及的問題更加複雜。為此，必須進化「邏輯連接詞」與「三個箭頭」的使用方式。

麥肯錫顧問和豐田以貫徹「5個為什麼」原則而眾所皆知。「為什麼？為什麼？為什麼？為什麼？為什麼？」，藉由連續的「5個為什麼」深入思考，串聯表面看來不相干的問題，並連結到問題根源（原因）。

如果能往下挖掘，解決那個根本問題，任何問題就都能迎刃而解。

以「邏輯連接詞」「箭頭」與「四角形」掌握「5個為什麼」的精髓

執行「5個為什麼」時，使用方格筆記本的中央空間，能夠有效、視覺化地深入思考。具體而言，使用「邏輯連接詞」「箭頭」與「四角形」三種工具。

使用的「邏輯連接詞」就是「為什麼？」的提問。使用適合自己的詞彙，運用「四角形」與「箭頭」在方格筆記本上展開思考。

如此，就能視覺化地推展邏輯，順暢地引導出深層問題，查明「問題的根本原因」。具體而言，如下頁圖示，透過「為什麼？為什麼？為什麼？為什麼？為什麼？」深入思考，挖掘出新的事實。

然後，透過「所以？」＝「so what？」的推展，不僅可以找出問題的根本原因，在思考的過程中，亦可引導出解決問題的方案，培養高效率且策略性的思考方式。剛開始可能會覺得很難，但很快就會習慣了。

下頁列舉的策略例子，利用「5個為什麼」引導出讓便當店的營業額提升的策略。

Action Plan　反覆問「5個為什麼」，塑造邏輯式思考大腦

在習慣「5個為什麼」之前可能會覺得相當「累人」。那是「肌肉痠痛」的狀態。在鍛鍊之中，能確實地強化你的「邏輯能力」。有毅力地反覆練習吧。

用「5個為什麼」挖掘問題點

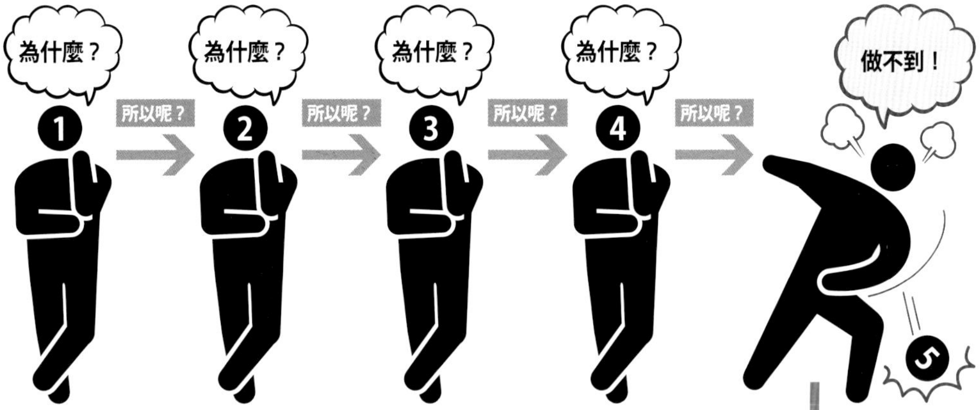
為什麼？
1
所以呢？
為什麼？
2
所以呢？
為什麼？
3
所以呢？
為什麼？
4
所以呢？
做不到！
5

因為並不是那麼簡單……

因此，使用「架構」視覺化地展開「5 個為什麼」

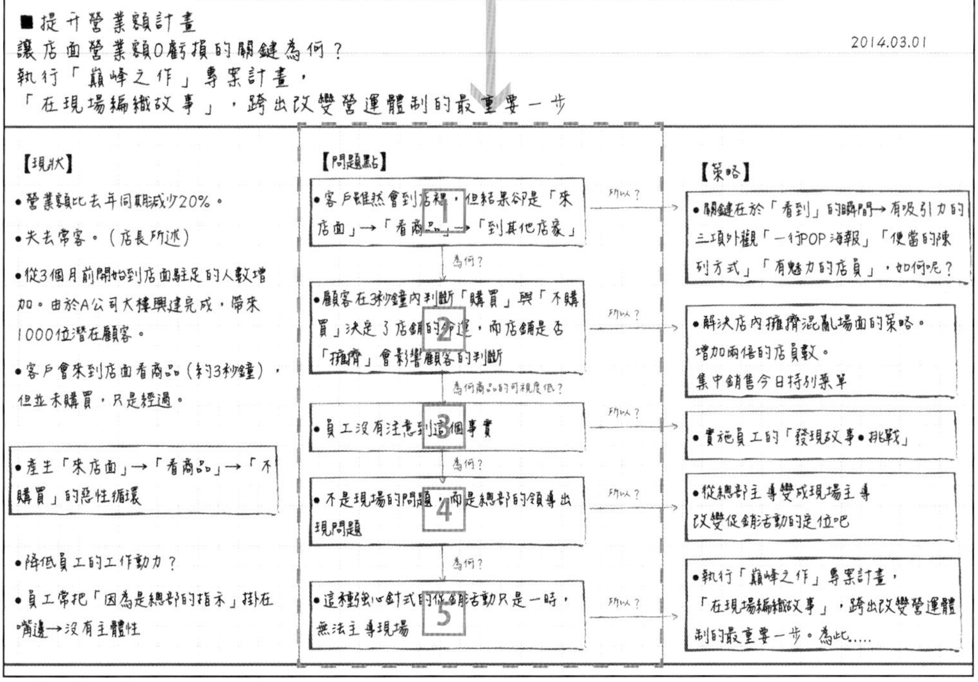
■提升營業額計畫
讓店面營業額0虧損的關鍵為何？
執行「巔峰之作」專案計畫，
「在現場編織故事」，跨出改變營運體制的最重要一步
2014.03.01
【現狀】
•營業額比去年同期減少20%。
•失去常客。（店長所述）
•從3個月前開始到店面駐足的人數增加。由於A公司大樓興建完成，帶來1000位潛在顧客。
•客戶會來到店面看商品（約3秒鐘），但並未購買，只是經過。
•產生「來店面」→「看商品」→「不購買」的惡性循環
•降低員工的工作動力？
•員工常把「因為是總部的指示」掛在嘴邊→沒有主體性
【問題點】
•客戶雖然會到店裡，但結果卻是「來店面」→「看商品」→「到其他店家」
1
為何？
•顧客在3秒鐘內判斷「購買」與「不購買」決定了店鋪的命運，而店鋪是否「擁擠」會影響顧客的判斷
2
為何商品的可視度低？
•員工沒有注意到這個事實
3
為何？
•不是現場的問題，而是總部的領導出現問題
4
為何？
•這種強心針式的促銷活動只是一時，無法主導現場
5
所以？
【策略】
•關鍵在於「看到」的瞬間→有吸引力的三項外觀「一行POP海報」「便當的陳列方式」「有魅力的店員」，如何呢？
•解決店內擁擠混亂場面的策略。
增加兩倍的店員數。
集中銷售今日特別菜單
•實施員工的「發現故事•挑戰」
•從總部主導變成現場主導
改變促銷活動的定位吧
•執行「巔峰之作」專案計畫，
「在現場編織故事」，跨出改變營運體制的最重要一步。為此.....

藉由「邏輯連接詞」「箭頭」與「四角形」
展開「5個為什麼」！

濃縮成一個訊息

終於來到「簡報筆記」的最終階段。
也就是決定要傳遞何種訊息給客戶等對象的階段。

將結論濃縮成一個訊息！

「Less is more」是做結論時的重點。
將訊息濃縮到1~2行，是最理想的。

「將訊息濃縮成1至2行」是最理想的

如何決定該傳遞何種訊息給客戶等對象，也就是如何在標題空間寫下「結論」？「簡單地說，你到底想說什麼？」將想表達的東西簡潔地講述出來。

從學生時代，就透過學習筆記鍛鍊「彙整筆記時要注意『簡化』」。進入社會成為新鮮人之後，你的能力就能馬上獲得上司或周遭的人賞識。

工作筆記就是使用方格筆記，依據截至目前說明過的推展方法與流程，整理出簡潔且能夠清楚說明「結論就是這個」的訊息！

這個訊息的重點是「Less is more」＝越精簡，越豐富。「Less is more」是波士頓顧問公司顧問書寫訊息時使用的共同原則。

終極的「Less is more」只會是一個訊息。「將訊息濃縮成1至2行」是最理想的。為此，必須不斷琢磨使用的詞彙。

即便專業等級無法一蹴可幾，只要隨時意識著「Less is more」，並謹記在心，慎選合適的詞彙，必定能夠寫出扎實淬鍊的訊息。

使用方格筆記本，養成五階段思考的習慣

以上是簡報筆記的要點。

簡單整理黃金三分割的重點：

- 正確地建立「論點」。
- 用顏色區分「事實」與「意見」。
- 依據「事實」自問「5個為什麼」，抓出本質問題。
- 淬鍊出「行動」。
- 將「結論」濃縮成一個訊息。

這一連串的流程可以在方格筆記本上推展。

只要使用方格筆記本，便可將這一連串的思考模式變成你自己的東西。馬上從明天的工作開始運用看看吧。

Action Plan 腦袋隨時意識著「Less is more」的原則

「將訊息濃縮成 1 至 2 行」是最理想的。為此，腦袋必須隨時意識著「Less is more」的原則，慎選合適的詞彙。

書寫簡報筆記的五大步驟

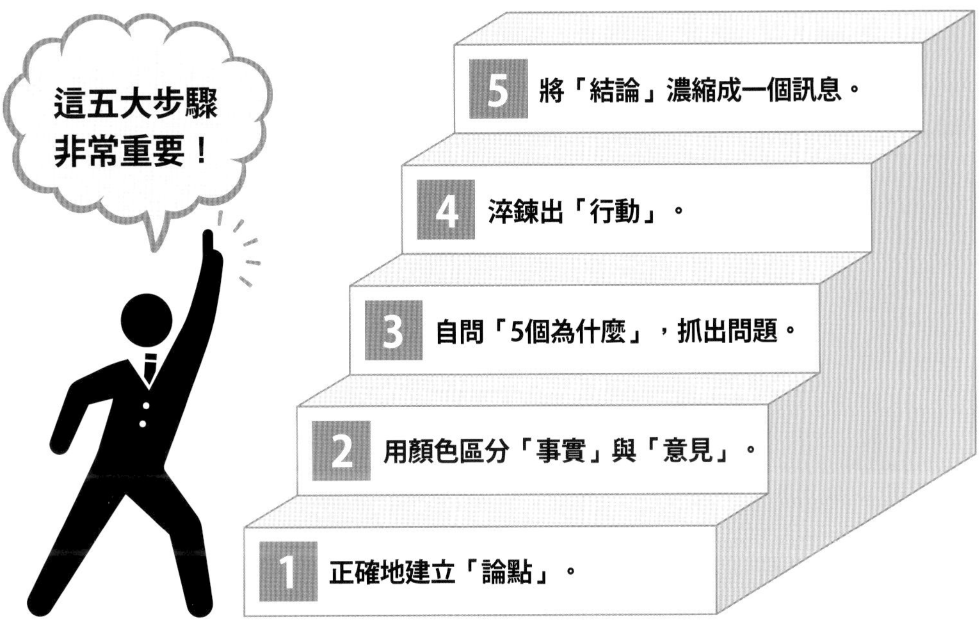
這五大步驟非常重要！
5 將「結論」濃縮成一個訊息。
4 淬鍊出「行動」。
3 自問「5個為什麼」，抓出問題。
2 用顏色區分「事實」與「意見」。
1 正確地建立「論點」。

外商顧問貫徹的「行動基礎」是？

工作筆記的產出一定要有「行動」。
做筆記的過程，就是為了找出最佳行動的思考階段。

工作筆記的產出一定要有「行動」

簡報筆記右側，是書寫「行動」的空間。有做筆記，卻無法付諸行動的人，大多是因為筆記沒有產出，也就是無法引導出「解決方案＝行動」。

與學生時代的筆記不同，在工作職場，若沒有引導出行動，做筆記所獲得的成果便為零。因此，**工作筆記的產出一定要有「行動」**。

外商顧問所寫的方格筆記，產出一定有「行動」。

外商顧問工作時，每個階段皆以「向客戶提出能獲得成果的具體行動方案」為基礎進行思考。這種思考方式在顧問界被稱為**「以行動為基礎的思考方式」**。

麥肯錫顧問的「天空、下雨、帶傘」思考模式，最終目標就是想導出「應該帶傘出門」。這就是為了引導出最佳行動方案的思考模式。

所有的步驟都是為了引導出「行動」

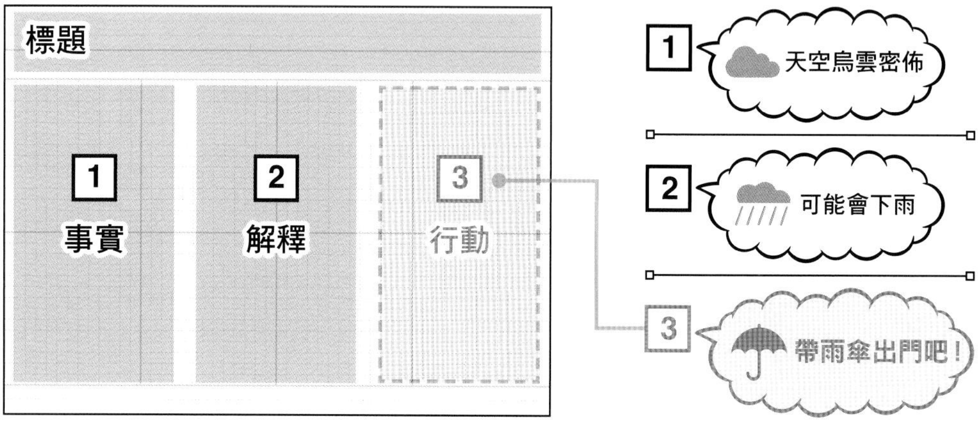
標題
1
事實
2
解釋
3
行動
1
天空烏雲密佈
2
可能會下雨
3
帶雨傘出門吧！

重點就是「行動」。
方格筆記的產出一定要有「行動」。

使用「看得見的詞彙」

不知道該怎麼做「看不見的詞彙」	應該怎麼做「看得見的詞彙」
討論	→ 建立「是否在這三週實行」的判斷基準。
共享	→ 將會議紀錄整理到一張A4紙中，寄電子檔給會議出席人員。
可視化	→ 將論點彙整成三項，何時之前、執行內容、誰來執行寫在白板上。
浸透	→ 將企業理念畫成一張圖。社長每週說明一次這張圖的意涵。
掌握	→ 訪談相關人員，彙集三個問題點，將對策整理於一張紙上。
意識	→ 隨身攜帶明信片大小的10項目確認明細表，分別於9點鐘、13點鐘與18點鐘時進行確認。

重點在「是否浮現圖像」「可否實際運作」

是否能依據行動基礎思考，關鍵在於「看得見的詞彙」。

例如，假設你要求部下：「麻煩針對那件事情彙整相關資料。」這並不是行動基礎，部下即便再怎麼努力想像，腦中什麼圖像也浮現不出來。

相對的，如果是「針對A公司的營業額跟上個月比增加20％的原因，整理出三個重點，歸納成一張A4紙。」這樣的說明，便可以讓部下明確掌握圖像與應涉及的要項。

傳達行動基礎的秘訣就是，使用「看得見的詞彙」展現具體行動。透過上圖的要領，改變習慣使用「看得見的詞彙」吧。

Point 你一定要知道的重點

1. 工作筆記的產出一定要有「行動」。
2. 以行動為基礎思考。
3. 以行動基礎思考與傳達的秘訣就是使用「看得見的詞彙」。

Case 10 工作筆記

〈工作筆記篇〉

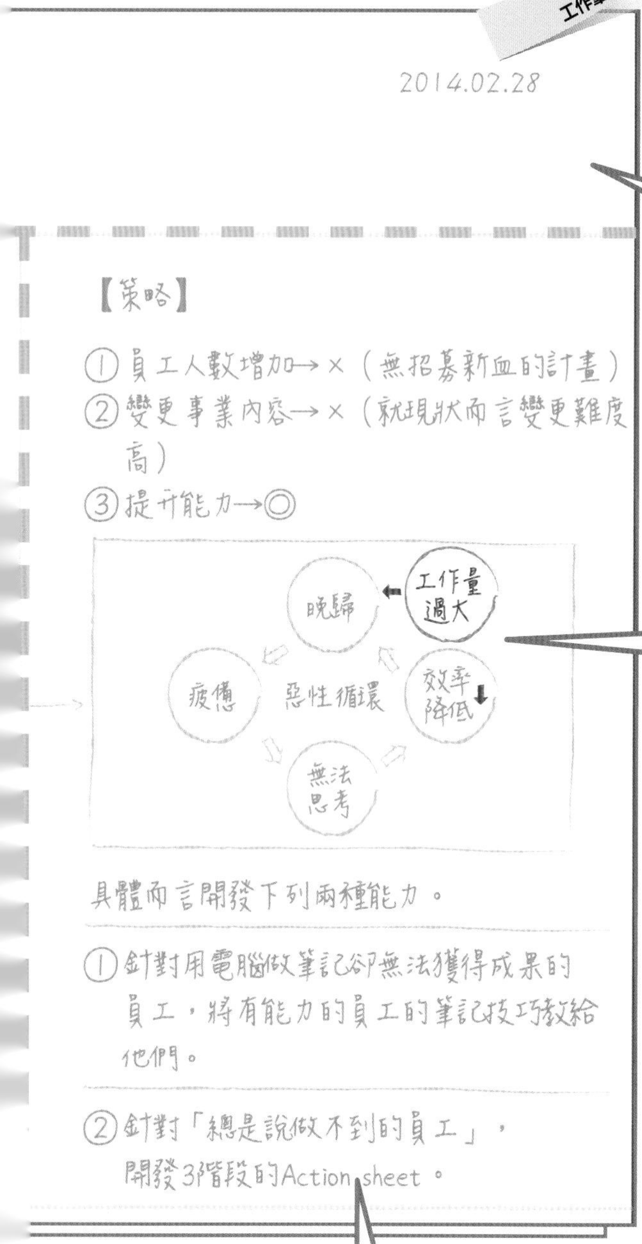
2014.02.28

【策略】

①員工人數增加→×（無招募新血的計畫）
②變更事業內容→×（就現狀而言變更難度高）
③提升能力→◎

具體而言開發下列兩種能力。

①針對用電腦做筆記卻無法獲得成果的員工，將有能力的員工的筆記技巧教給他們。

②針對「總是說做不到的員工」，開發3階段的Action sheet。

●活用筆記本上方3到5公分的空間②

最後，在筆記上方空白處寫下這一頁報告的結論：「簡言之，是什麼？」

●利用圖解視覺化（筆記）

依據「5個為什麼」，圖解化所見問題的深層結構。

●利用右側的空間決定行動

依據事實→解釋，現在應該做什麼，任誰都能夠毫無疑惑地決定「行動（對策）」。

Point

工作筆記是為了「捨棄」而做的筆記。使用方格筆記本，能夠從龐大的資訊中引導出「一個結論」。工作筆記與學習筆記相同，書寫時，色筆以「三色以內」為原則！以藍色或黑色為主，只有重要的地方使用紅色，這是工作筆記的基本。建議使用備受外商顧問愛用的PILOT「V-CORN」原子筆。

●活用筆記本上方3到5公分的空間① 首先，寫下報告的標題與論點後，推展思考。

■專案「零加班」

YES！不要用電腦，而是用「一張紙（Action sheet）」做筆記，當場就決定，引進立即行動的「Action Program」

【現狀】

- 認真且努力，卻無法獲得成果。拚命的抄小抄，卻不是使用筆記本。
  →於筆記板上夾紙抄寫。
- 會議中只口頭說明數字，卻沒有提出數字根據。
  →無法連結行動。
- 很多新人幾乎都不做筆記，只用電腦做筆記，卻無法獲得任何成果。
  →相反的，馬上行動並獲得成果的新人總是很勤快地手寫筆記。
- 社長大多用口頭講述，並不會把自己的想法彙整成資料交給對方。只有少數人會將社長的話做成筆記，大多數的人都只是聽聽就算了，不會展開行動。
- 參加同樣的研修活動，也一樣有做筆記，理解能力卻如雲泥之差。

【問題點】

上司雖然提供了數字跟說明，但是卻無法連結行動。

↓ 為何？

財務報表詞彙意義的理解程度有差異。

↓ 為何？

關心自己所屬的部門。但對其他部門的事情漠不關心。

↓ 為何？

部門之間溝通不良

↓ 為何？

光營運事業就焦頭爛額
原因是去年實行的營業額2倍成長計畫

（發生了什麼事情？）

●寫出事實

首先，分點寫下與論點相關的事實。此時，用顏色畫分意見與事實，整理事實狀況。

●展開「5個為什麼」

依據列舉的事實，決定應該聚焦的問題，針對問題提出「5個為什麼」深入思考，掌握問題的本質。

應用實例 01 商務會議筆記

可以用方格筆記本讓商務會議的進行方式進化。與客戶閱覽同一個「架構」，直接在方格筆記本上確認並進行對話，當下不但可以有效說服客戶，同時也讓後續的進展更加順暢。利用「黃金三分割法則」，與客戶一同整理「現狀→問題點→提案→今後的流程」。

①彙整從客戶對話所獲得的資訊於左側空間。

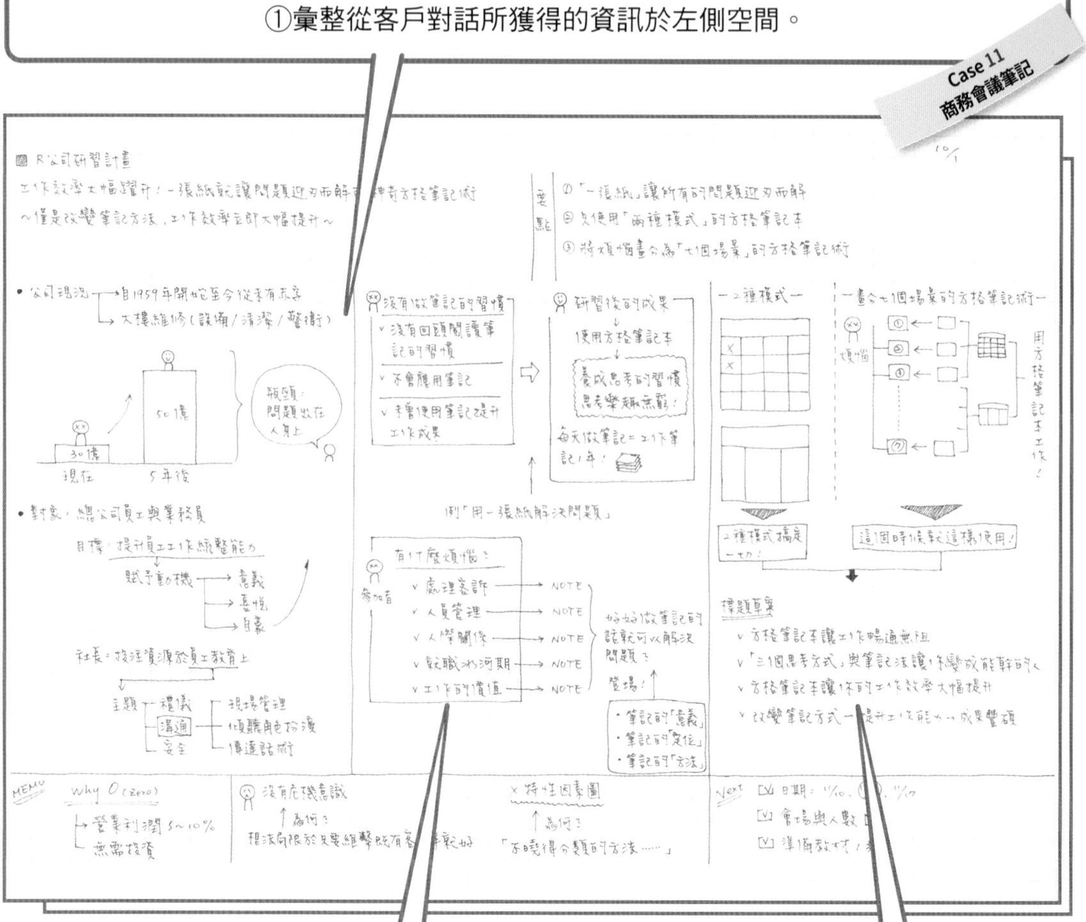

②依據事實與客戶一起限縮問題範圍。

③最後，決定今後進行方式。

應用實例 02 解決問題筆記

重點在這！

「標題＋三分割法」可以簡潔有力地整理與解決各種問題。從標題空間的「論點」開始思考，依照事實、解釋、行動，最後結論的順序，用三個要點展開思考。

①將左邊的空間畫分為多個小框框，整理問題點。

Case 12
解決問題筆記

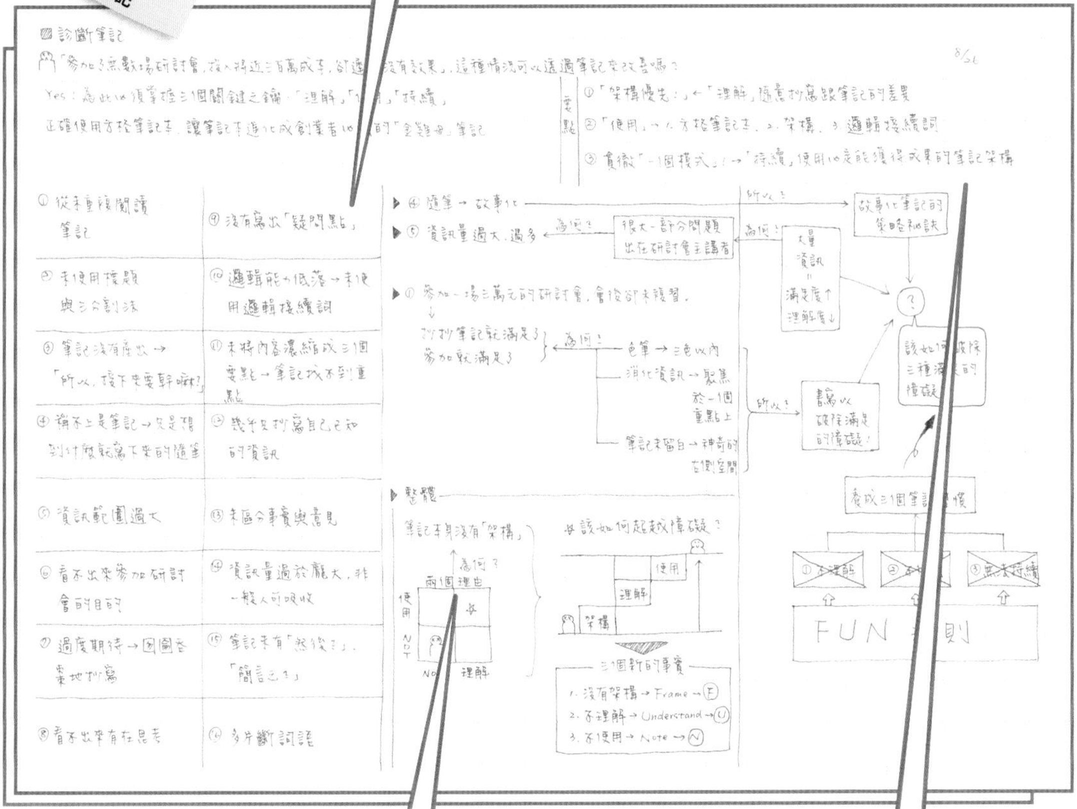

②在察覺點與歸納空間使用矩陣圖或金字塔圖，將課題／問題點與解決對策視覺化效果最佳。

③最後，將內容濃縮成三個重點，3秒鐘內立即可以理解「該怎麼做」。

應用實例 03 會議白板

重點在這！

會議以「標題三分」決勝。同時運用「必定能獲得成果的架構＝標題＋三分割法」，能提升會議品質、效率。會議冗長、偏離主題、沒有結論、無法彙整、找不到下一個行動，原因就在於欠缺「架構」。會議更需要做到「論點→三分割法→結論」的原則，必須讓會議「可視化」。

①會議有九成是論點。論點不要用「關於○○××」的方式呈現，使用更為明確的「提問句＋？」。

Case 13
會議白板

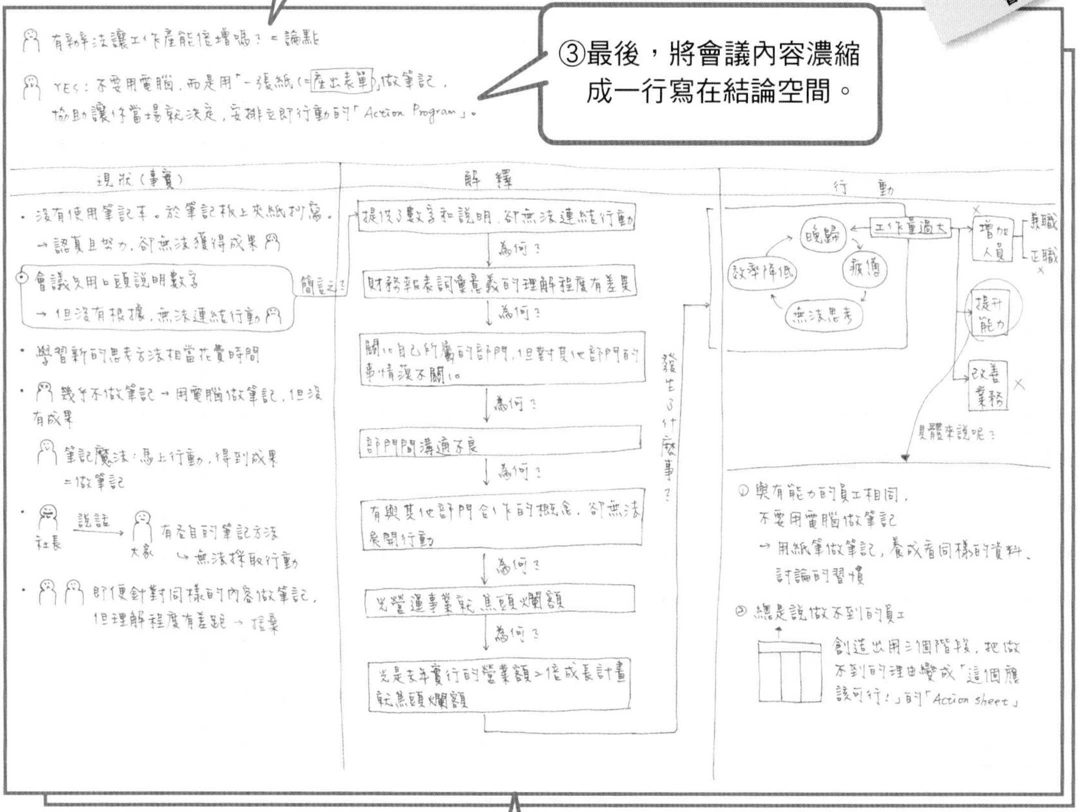

③最後，將會議內容濃縮成一行寫在結論空間。

②依照事實→解釋→行動的流程進行會議。

應用實例 04 企畫製作筆記

重點在這！

成功的人大多擅長企畫。在此以運用「方格筆記本×黃金三分割法則」製作書籍的企畫大綱為例。

①在左側的事實空間列舉企畫的有趣題材。

Case 14
企畫製作筆記

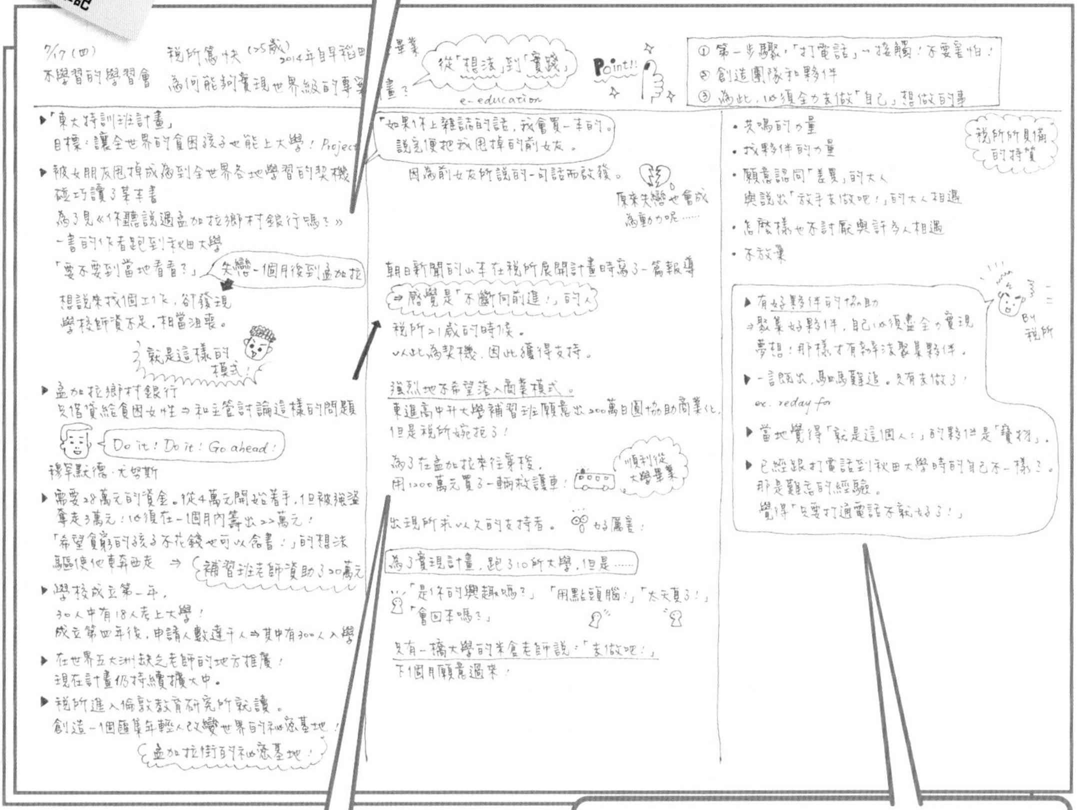

②據此，在察覺點空間寫下每個題材背景的事件與含義。

③經由這一連串的思考過程，在歸納空間寫下必須放入企畫中的觀點。在不斷修改之間，挖掘到「這樣做應該可以成功！」的觀點。

應用實例 05 工作筆記

重點在這！

活用方格筆記本的輔助線，轉變為獲得成果的工作筆記。於左頁寫下事實（每日例行業務），於右頁預先畫出寫察覺點與行動（待辦清單）的架構，安排今日的業務內容。

①使用方格筆記本的方格與輔助線，整理並視覺化「何時？做什麼？該怎麼做？」，讓當天的業務內容一目瞭然。

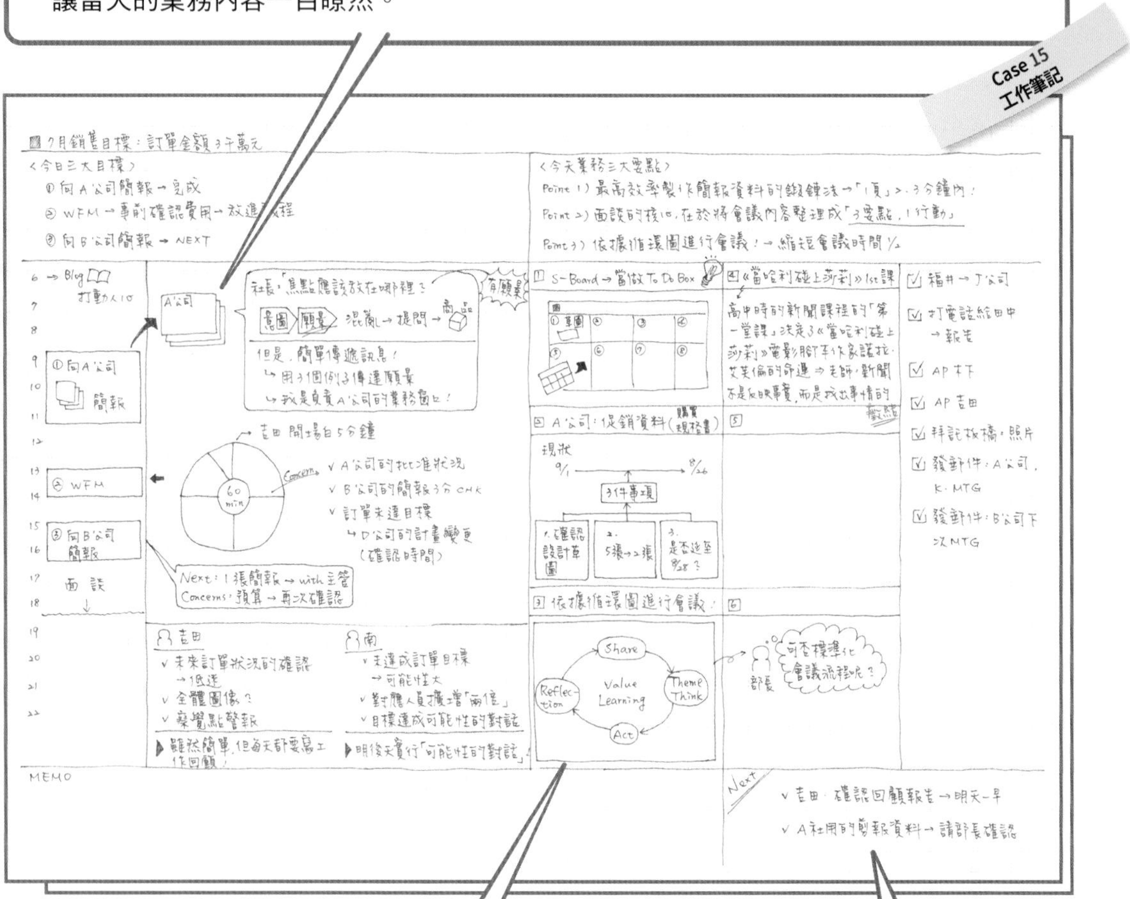

②將察覺點分門別類整理，使之成為未來也能運用的知識。

③右下角的NEXT空間，寫下明天早上必須執行的事情效果最佳。

應用實例 06 行動記錄筆記

重點在這！

行動記錄讓日常接收的資訊變成得以應用於工作的知識。關鍵不在於做筆記，而是「將想法化為故事」。

①寫下「在意的事情」或「對工作有幫助」的事實、資訊。

Case 16 行動記錄筆記

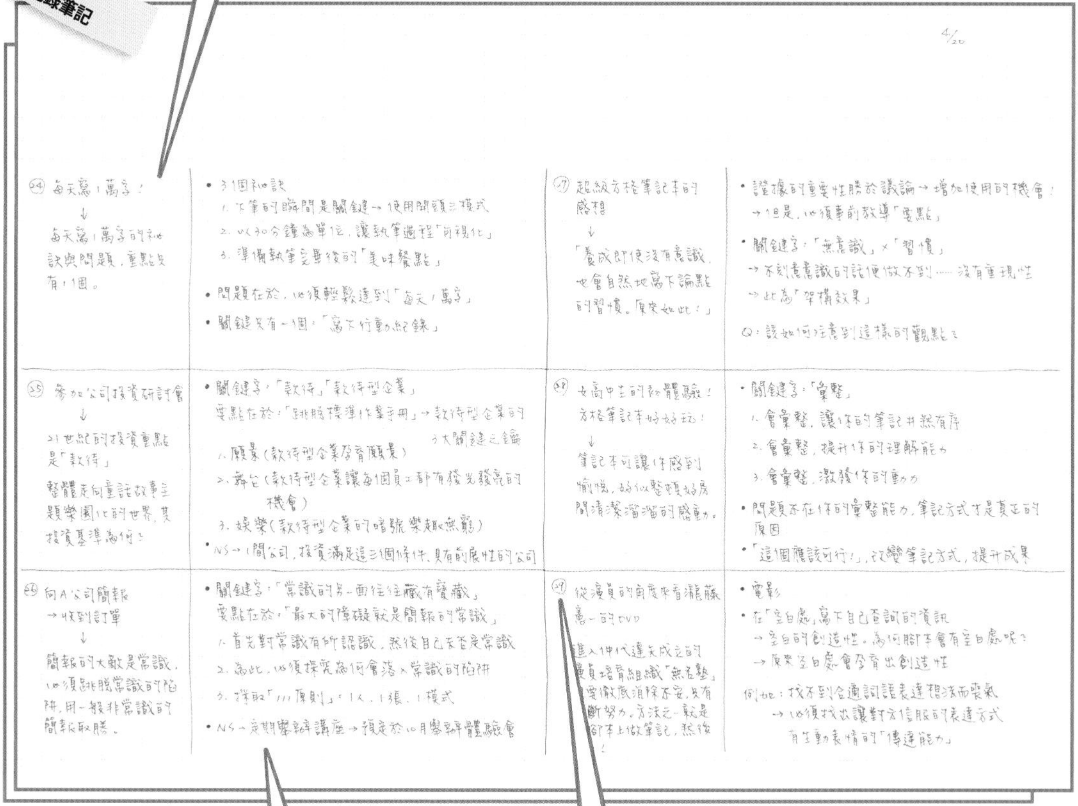

②然後在下方畫箭頭，寫下察覺點，並於右側空間標註資訊的含義。

③為每個資訊編號。今年的自己的武功秘訣從一號開始編碼，使之不斷累積，鍛鍊能力也會變得有趣。

應用實例 07 點子筆記

此為方格筆記本的應用實例。

只要有「方格X架構」，即便是「天外飛來一筆」或「摸不著邊際」的點子，也都可以轉換成與行動、成果連結的點子。

①於左側列舉點子初始點的事實。

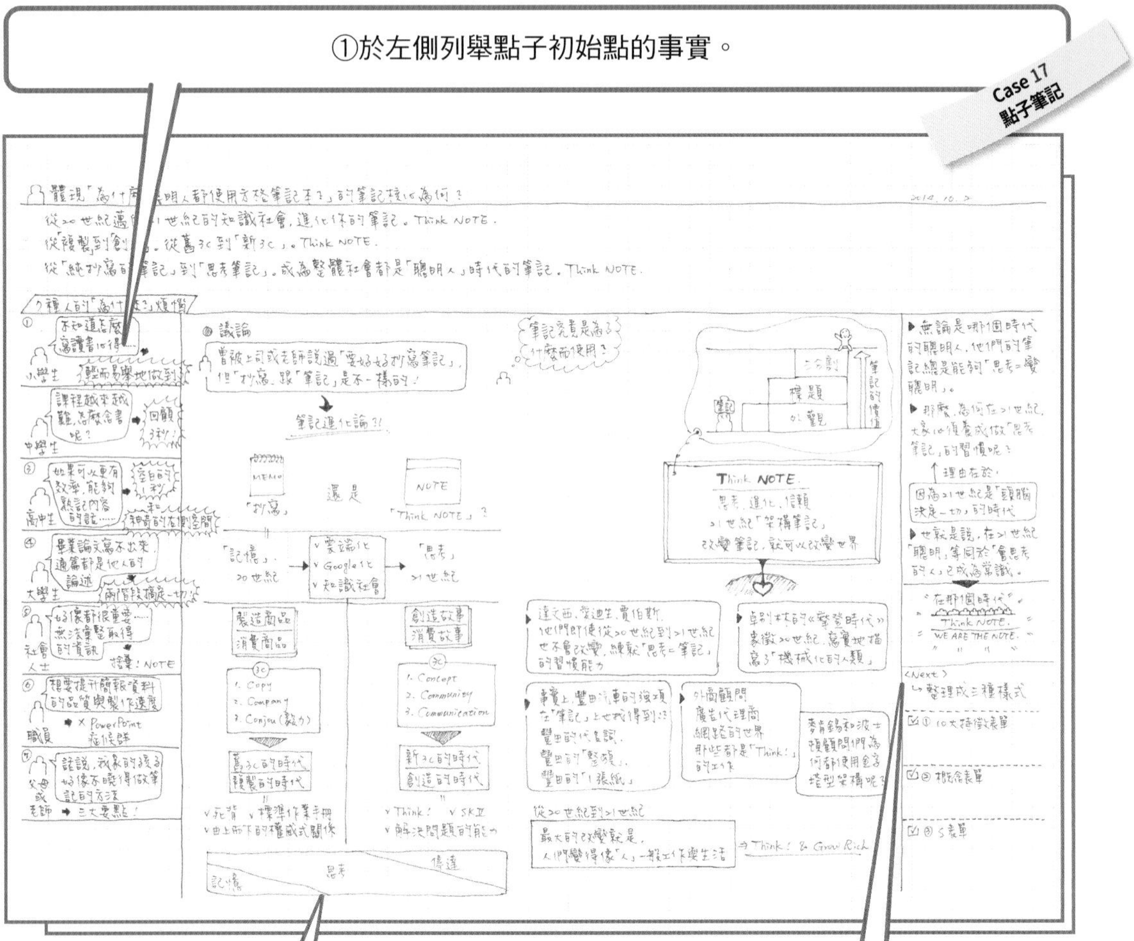

②然後，保持愉快的心情，如繪圖般由左至右在中央的空間寫下「疑問點」或「察覺點」。

③右側的空間則寫下，透過點子激盪所獲得的「觀點」與今後採取的行動（Next）。

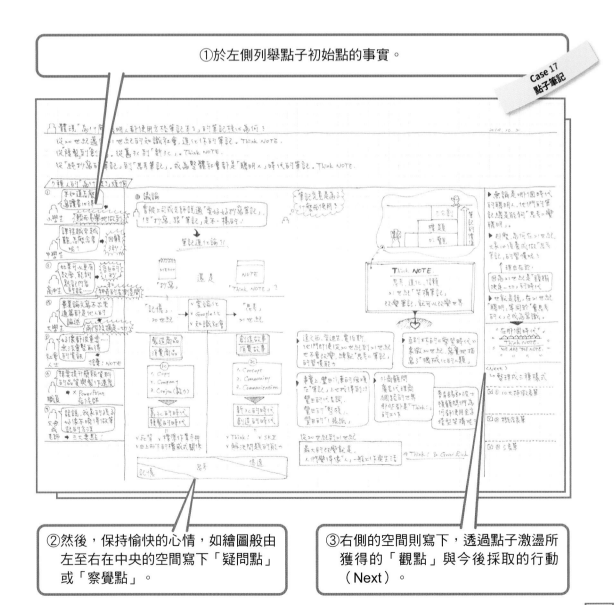

應用實例 08 計畫表筆記

重點在這！

萬能的「表格形式」能簡潔有力地整理複雜的資訊。使用方格筆記本也可簡單畫出表格形式的架構。事前準備決定8分成敗，製作一目瞭然的表格計畫表，無論學習或工作皆是不可或缺的重要工具。

Case 18 計畫表筆記

①首先，使用橫軸與縱軸的輔助線，畫出項目與日期的架構。

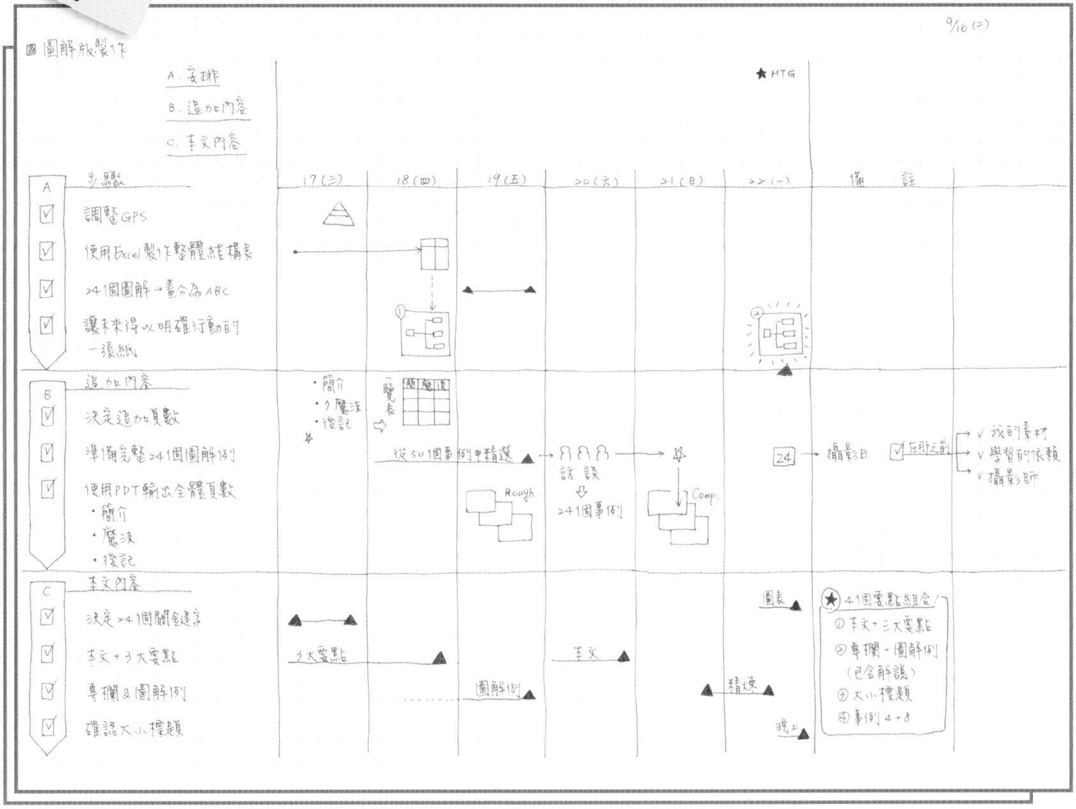

②將待辦事項整理至項目空格中。

③最後，標註物各個項目的完成期限，使用圖像或記號視覺化項目間的順序與關係。

Magic
方格魔法 6

方格筆記術兩大步驟，能簡潔有力整理複雜的資訊！

「在會議中無法立即使用三分割法整理資訊或思考」，這樣的煩惱，就用兩個步驟輕鬆解決。

在習慣使用黃金三分割法整理資訊或思考之前，分為兩個步驟進行吧。首先，將資訊以方便閱讀型式（預先在方格筆記本上畫上方格子）。然後，在另一張筆記上畫分出三個空間，依據事實→解釋→行動的流程展開思考。例如，90分鐘的會議時，前面45分鐘利用方格子整理資訊，後面45分鐘利用三分割法推展思考，最後導出結論。

Case 19
研習筆記

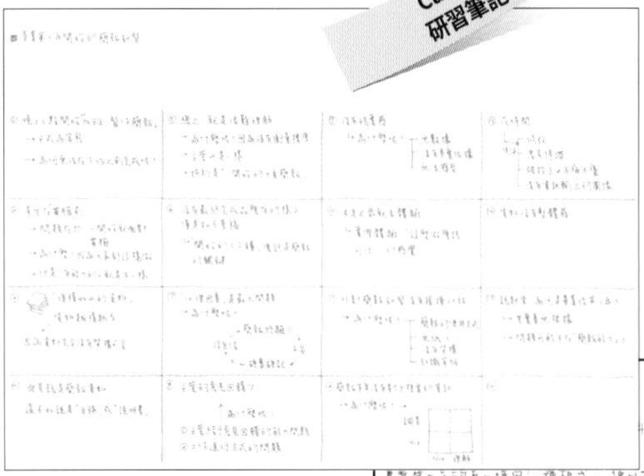

STEP 1

首先，使用方格筆記本的方格子整理與客戶開會的內容。

Case 20
研習筆記

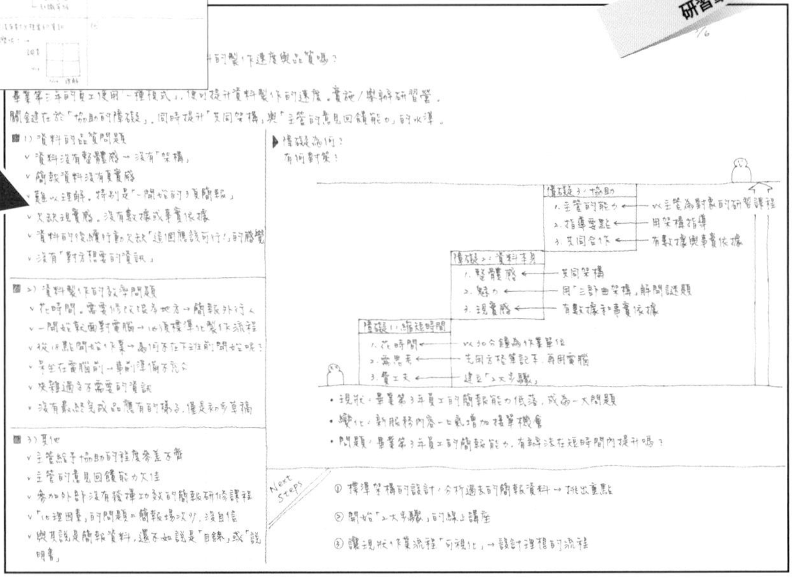

STEP 2

將數據相關事實狀況置於事實空間，然後依據「事實→解釋→行動」的流程推展思考。

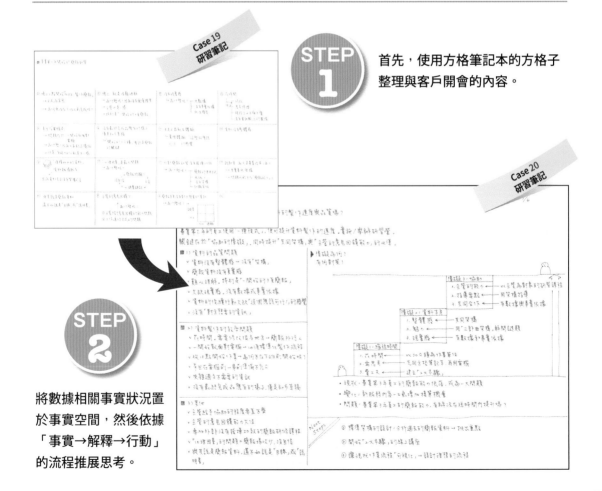

Magic

方格魔法 7

魔擦筆魔法

在邏輯式思考的研習課必定會出現「金字塔結構圖」或「邏輯樹分析法」等邏輯式圖解法，這些圖雖能帶來相當大的效果，但實際試著使用時，經常出現「無法整齊繪製」「繪製很麻煩」等問題。魔擦筆能一次解決這些煩惱。使用能經鬆擦掉的魔擦鋼珠筆和方格筆記本，養成繪製邏輯式圖解的習慣，能讓你的思考能力往上提升好幾個等級。

「畫輔助線」→「繪圖」→「擦掉輔助線」，簡單步驟畫出漂亮邏輯式圖解！

畫輔助線

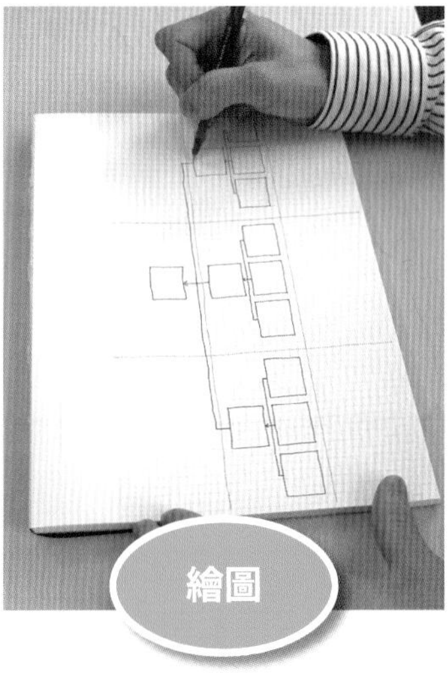
繪圖

擦掉輔助線

藉由方格，用魔擦鋼珠筆畫「輔助線」，
不費功夫描繪邏輯式圖解。

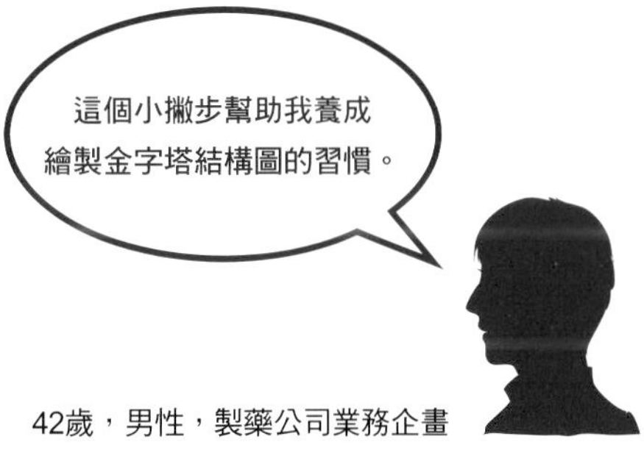
這個小撇步幫助我養成
繪製金字塔結構圖的習慣。
42歲，男性，製藥公司業務企畫

Chapter05 精通「簡報筆記」，一生受用的武器！ 重點整理

Summary 01
筆記的最終目標是「簡報筆記」。

Summary 02
以「論點」為起點，按照「事實→解釋→行動、結論」的流程思考。

Summary 03
思考的基本是「依據事實思考」。

Summary 04
用「5個為什麼」查明問題的根本原因。

Summary 05
藉由「邏輯連接詞」「箭頭」與「四角形」展開「5個為什麼」。

Summary 06
「將訊息濃縮成 1 至 2 行」是最理想的。

Summary 07
用顏色區分「事實」跟「意見」。

Summary 08
工作筆記的產出一定要有「行動」

Summary 09
使用「看得見的詞彙」，依據行動基礎思考。

往上提升一個層次的「決勝筆記」

第4章之前介紹的，是為了「記憶」「思考」和「統整」的筆記。從「決勝筆記」開始，筆記會有質的變化，蛻變為「向其他人傳遞訊息」的工具。

製作決勝筆記的「三大要點」

Point 1 簡報筆記＝報紙的頭條新聞！

❶ 健保費史上最高8.8%
大企業漲4成
2014年度

報紙頭版頭條新聞的模式，跟方格筆記本的彙整方式是相同的。
①寫上標題
②貼上圖表
③撰寫報導

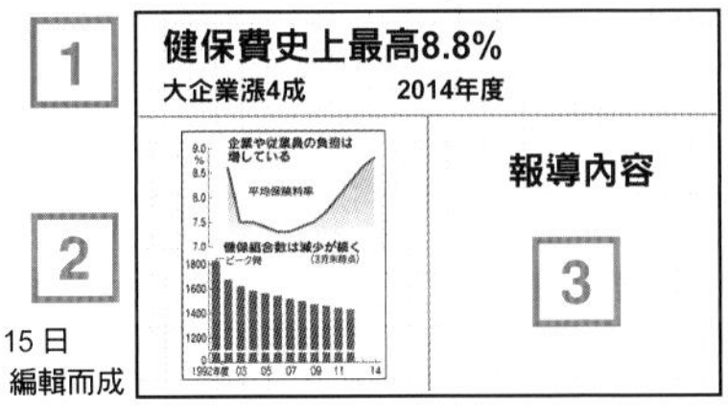
1
2
健保費史上最高8.8%
大企業漲4成 2014年度
報導內容
3

※ 參考 2014 年 4 月 15 日《日本經濟新聞早報》編輯而成

Point 2 從訊息開始！從結論開始傳遞訊息

請見下頁圖解說明

Point 3 從期望的「心理效果」逆推，由 4 個圖表中選擇！

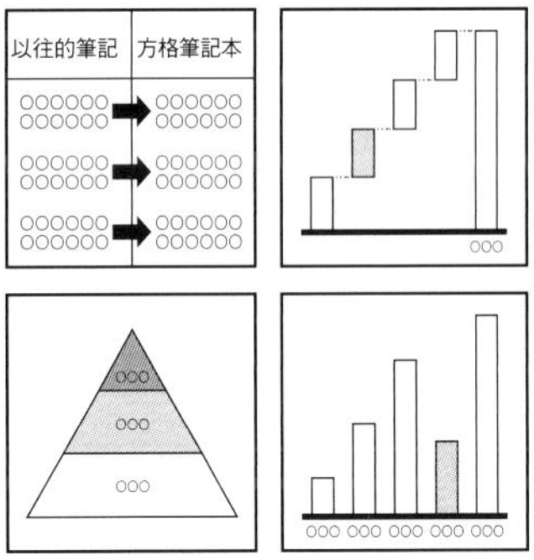
以往的筆記
方格筆記本

製作決勝筆記的「三大要點」

「做筆記是為了傳達訊息給對方。」這是有能力的外商顧問的思考方式。

這樣思考方式之下所製作的「筆記」，正是「決勝筆記」。

做筆記＝製作簡報資料。跟客戶開會時所寫下的筆記就可以直接當作簡報素材，這就是筆記技巧的終極目標。

描繪未來的能力決定了成敗，甚至連周遭的人亦會受到影響，這個決定勝負的瞬間，一生中將會造訪好幾次。接下來就來介紹，那個決勝的瞬間，從你的雙手所孕育出未來的「決勝筆記」。

製作決勝筆記時，需注意下列三大要點：

①簡報筆記＝報紙的頭條新聞。
②從訊息開始！
③從期望的「心理效果」逆推選擇圖表。

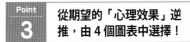

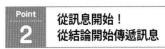

接下來就針對個別要點進行介紹。

簡報筆記跟製作出「報紙的頭條新聞」的「架構」是相同的

簡報筆記跟製作出「報紙的頭條新聞」的「架構」是相同的。

新聞報導也是使用黃金三分割法則。如果你能意識到每天看的新聞就是架構範本，對於每天做筆記的想法也會有很大的改變。不斷地累積經驗，也會激勵你想要成為能力極強的商務人士。

貫徹「從訊息開始！」的原則

製作簡報資料或做筆記時，首先要貫徹「從訊息開始」＝先傳達結論的原則。

看了很多人的筆記之後，可以發現真正貫徹「從訊息開始！」的人並不多。因為每個人都有想要說明理由、為何會變成這樣的強烈傾向。

如果習慣使用方格筆記本，自然能夠培養「先傳達結論」的習慣。因為在方格筆記本上方3到5公分的標題空間事前設定了寫結論的空間。

從「心理效果」逆推選擇圖表

出現在外商顧問簡報資料中，經常出現「精美圖表」。

製作瞬間奪得人心的「精緻圖表」也存在著法則，那就是從期望的「心理效果」逆推。看到那個圖表的瞬間，對方的心中會產生怎麼樣的情感？這個原則掌握了連結對方記憶中「豐富圖像」的關鍵。

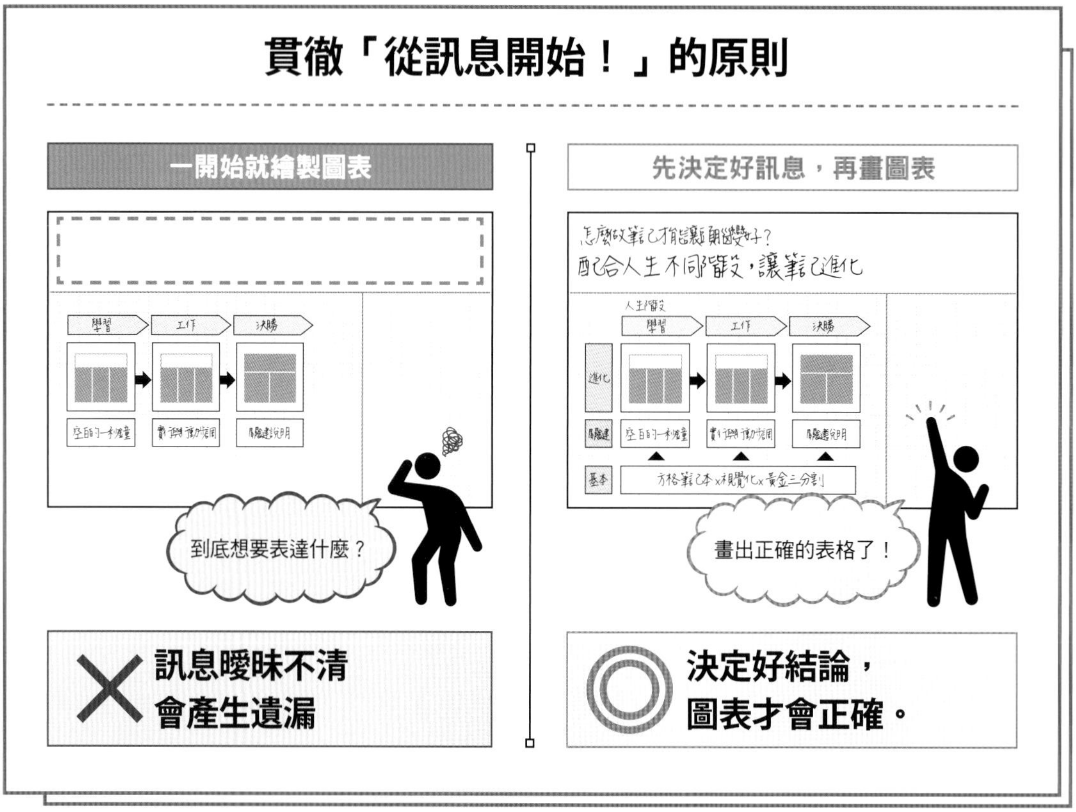
貫徹「從訊息開始！」的原則
一開始就繪製圖表
學習
工作
決勝
到底想要表達什麼？
訊息曖昧不清
會產生遺漏
先決定好訊息，再畫圖表
怎麼改筆記才能讓前途變好？
配合人生不同階段，讓筆記進化
人生階段
學習
工作
決勝
進化
關鍵
基本
方格筆記本x視覺化x黃金三分割
畫出正確的表格了！
決定好結論，
圖表才會正確。

前後差距效果＝人會對「差距」有所反應

Before
After
1カ月で
−7 kg

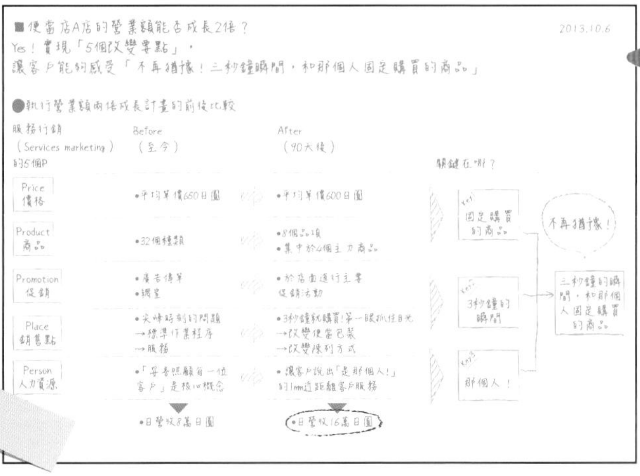
■便當店A店的營業額能否成長2倍？
2013.10.6
Yes！實現「5個改變要點」，
讓客戶能夠感受「不再猶豫！三秒鐘瞬間，和那個人固定購買的商品」
●執行營業額兩倍成長計畫的前後比較
服務行銷（Services marketing）的5個P
Before（至今）
After（90天後）
關鍵在哪？
Price 價格
•平均單價650日圓
•平均單價600日圓
Product 商品
•32個種類
•8個品項
•集中於4個主力商品
Promotion 促銷
•廣告傳單
•網宣
•於店面進行主要促銷活動
Place 銷售點
•尖峰時刻的問題
→標準作業程序
→服務
•3秒鐘就購買！第一眼抓住目光
→改變便當包裝
→改變陳列方式
Person 人力資源
•「好好照顧每一位客戶」是核心概念
•讓客戶說出「是那個人！」的1mm近距離客戶服務
•日營收8萬日圓
•日營收16萬日圓
固定購買的商品
3秒鐘的瞬間
那個人！
不再猶豫！
三秒鐘的瞬間，和那個人固定購買的商品

Case 21 簡報筆記①

關鍵在設定「比較軸心」！

1. 將欲傳達資訊的核心，亦即決定接收訊息對象所「重視、在意的要點」，垂直排列於筆記左側。
2. 針對各個軸心，利用「前後差異」讓資訊產生對比。
3. 最後，摘出由對比引導出來的含義。

以下介紹4種代表性的圖表與期望的心理效果。

常見的「前後差距」對比效果

人們會對「差距（Gap）」有所反應。讓人們看（before & after）生產的差距效果最佳。

這種「前後差異效果」的模式，是普遍被使用的商業手法，**如果不使用它，那大多數買賣大概都不會成功。**

強烈的「差距」（前後差異）變化映入眼簾，幾乎動搖了你長期以來的價值觀。這個顛覆你既有認知的劇烈衝擊，牢牢抓住你的心。這時，你會想馬上採取某種行動——購買！也就是說，「能熱賣！」

顯現「落差」變化的「瀑布模型效果」

「瀑布效果」透過上下「落差」的變化吸引人們的目光。

就像是階梯，如果有往上（爬升），就會有瀑布或香檳塔往下（下降）的狀況。

落差之所以能抓住人心，是因為「似曾相識感」。

小時候我們便經常走樓梯，因此眼睛跟身體對階梯的反應敏感。

如同瀑布流向深潭中一樣，有的圖表經過好幾個落差逐漸往下降。將這種圖表模型的方向反過來時，就是往上累積的圖表。這樣的圖表稱之為「階梯圖」。

以獲得「瀑布效果」為目標所製作的圖表，最具代表的即為公司的財務報表資料。僅用數字表現的財務報表資料，將無法抓住人們的目光。

跟只用數字呈現的資料相比，用圖表呈現數字的資料，閱讀者的反應會有驚人的改變。

瀑布模型效果＝人會對「落差」有所反應

Case 22
簡報筆記②

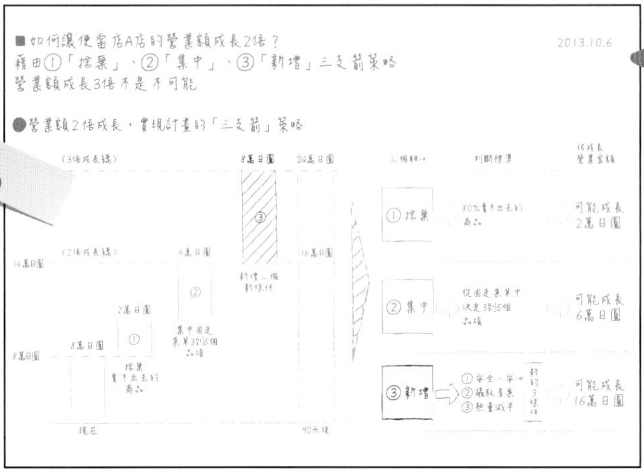

關鍵在於只強調重點！

1. 先畫出「變化前起始點」跟「變化後終止點」的數值圖表。
2. 用階梯狀圖呈現數值的變化過程。此時，不要畫太多階梯。依循Simple is best的原則，整理成三個左右的階梯為佳。
3. 整理從圖表引導出的含義。

「金字塔效果」將戰略濃縮成一張地圖

人是喜愛「頂點」的生物，會對「頂點」產生反應。金字塔構造最具有朝向頂點前進的象徵。

金字塔效果的圖表能制定出新的策略。全公司團結一心建立新專案。制定成功計畫，關注於一個目的，明確訂定應該重視的要點、內容、應執行的方針與行動。

如此，一張金字塔圖具有讓相關人員快速地理解內容的效果。比起條列式的內容，一張簡單的金字塔圖反而更能讓人容易理解。

「建築物效果」長條圖效果讓數據說故事

人是對「高低差」反應敏感的生物。

俗話說：「一張圖勝過千言萬語。」與其跟數字大眼瞪小眼，不如把數字整理成長條圖。如此一來，只用單純數字而容易忽略掉的「高低差」會立即出現於眼前，能傳遞重要含義。

乍看之下只是單純的數據資料，從某個視點切入轉換成長條圖的瞬間，至今未曾注意到的重點，就可能因此浮現於眼前。

重點就只有將數據整理成長條圖而已，如此簡單。此時重要的是，要意識到傳遞給對方的「心理效果」。

並不是製作出長條圖就好，而要在想要強調的地方補充說明，下點功夫讓對比明確展現，如此效果更可大大增加。

金字塔效果＝人會對「頂點」有所反應

關鍵在於「由上往下」展開！

Case 23
簡報筆記③

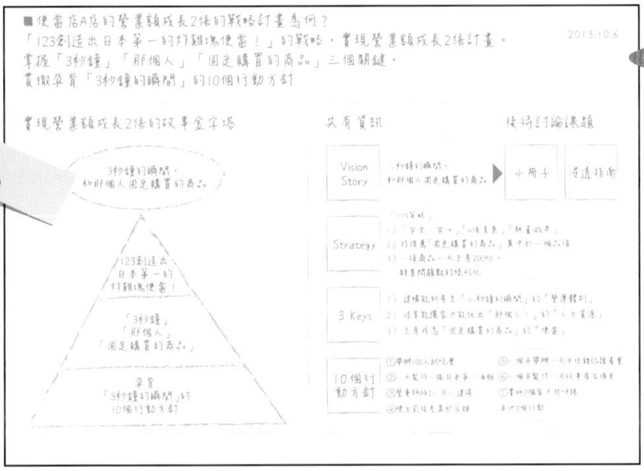

1. 決定第一層的目標。
2. 於第二層寫下實現目標的三個要點。
3. 於第三層寫下各個要點應採取的行動。

建築物效果＝人會對「高低差」有所反應

關鍵在聚焦於「有意義的差異」！

Case 24
簡報筆記④

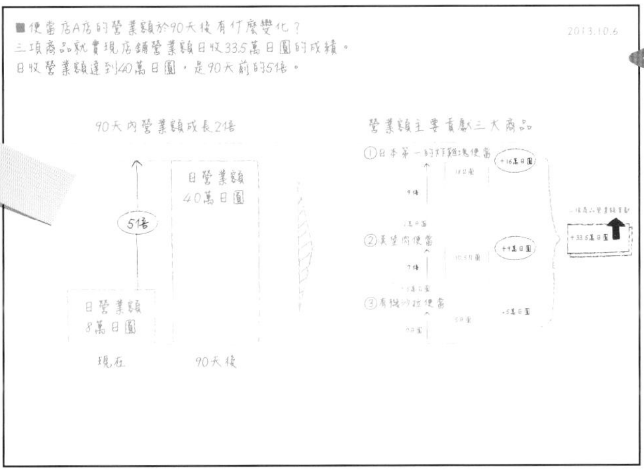

1. 讓對方瀏覽呈現訊息的長條圖。
2. 為使對比更加明確，強調重點。
3. 將詳細說明或含義置於右側。

推薦序

建立「黃金循環」的筆記方式，就從現在開始

《筆記女王的手帳活用術》作者　筆記女王Ada

因為我出生在那個充滿填鴨式教學與考試至上的時代，學校老師為了讓我們在聯考考場上戰無不勝、攻無不克，於是想盡辦法出一些刁鑽的考題把我們考倒，所以養成了我上課抄筆記以全部抄為主，深怕漏了任何一個小細節就會被考倒。在這樣的環境下，我練就了一身快速抄筆記的功夫，不但自創一套簡筆文字寫法，還利用頁面分配及不用色筆來分類，我的筆記成了全班寫得最完整的筆記，大家爭相借去影印。但這些筆記法只能用在學校上課筆記，出了社會，開始工作後，這樣的筆記就不管用了。

進入職場後的我，開始使用串詞作文方式來做筆記，寫下關鍵字，事後再用串詞作文的方式把關鍵字串連造句，重現出一篇完整學習內容的筆記。在讀了《為什麼聰明人都用方格筆記本？》一書後發現，我這樣的筆記法和本書作者有相同的理念——「筆記的核心概念就是重現性」，要能靈活地重現學習的內容，並運用所獲得的知識與技巧，這才算是達到做筆記的真正目的。

本書中提到思考敏捷、頭腦好的人，會將知識、資訊與想像整理至筆記架構中，「架構」決定了工作與學習的品質，有了架構，人們才得以正確地行動。筆記架構就像是整理思考的書架，正如同沒有書架就無法整理書一樣。很多人在作筆記時沒有建立架構的習慣，一張空白紙亂亂寫，才會導致不知道在寫些什麼，時間久了也忘了自己為什麼那樣寫。如果筆記有架構，大腦思緒清楚，寫的東西才有意義。學習本書所提的黃金三分割筆記法，最大的好處就是：大腦思緒架構清楚，瞬間就能掌握筆記重點。

累積數年或數十年不好的筆記習慣，現在才開始修正筆記習慣，還來得及嗎？當然來得及！極力推薦大家讀這本全彩圖解範例版，重新學習有架構的黃金三分割筆記法，跳脫以前雜亂無章筆記法的惡性循環，累積一萬張筆記練習後，創造出有用的黃金筆記循環！

後記

進化你的筆記，也就是進化你的能力

曾聽補習班老師說：「13歲時的學力決定了國中三年與往後的成績。」進入社會後，也常聽到：「28歲之前的努力決定了之後的年收入。」所以，「在適當的時機改變自己，往上提升」極為關鍵。

達爾文在《進化論》提到：「能生存下來的，不是強者，也不是賢者。唯一能生存下來的，是能夠變化的人。」這樣的法則並不只適用於生物界，也適用於「學習」「工作」與「人生」。為了往下一個階段邁進，人們在「一生三個階段」進化筆記。13歲時為「學習」進化筆記，22歲時為「工作」進化筆記，28歲時為「勝負」進化筆記。進化你的筆記，也就是進化你的能力。

除了24個應用實例之外，本書也準備了「讓筆記進化」的秘訣。現在就將方格筆記本的技巧運用於創造「明日」的「今日」吧！

商業周刊1418期搶先選書推薦！博客來商管理財Top1．誠品財經商業類Top1．金石堂財經類Top1三料冠軍

經理人月刊網站熱烈點閱

為什麼聰明人都用方格筆記本？

「專業管理生活思維」站長 **姚詩豪、張國洋**｜筆記女王 **Ada** 專業推薦

ノートの使い方で差がつく！思考整理術
Associé
ノートの使い方で差がつく
思考整理術
“書く”だけで問題解決するテクニック
方眼ノート
ビジネスパーソン
やってはいけないこと

康乃爾大學、麥肯錫顧問
的祕密武器
附贈
黃金3分割
方格筆記本
立刻對照練習！
為什麼聰明人都用
方格筆記本？
《日經Business Associe》雜誌專文介紹！熱銷15萬冊，各界好評不斷
為什麼聰明人都用方格筆記本？
康乃爾大學、麥肯錫顧問的祕密武器
高橋政史 著
方智

《日經Business Associe》《日本WOMAN》

雜誌專文介紹！

熱銷20萬冊，各界好評不斷！

圖解範例版

為什麼聰明人都用方格筆記本？

加碼再送
80頁B5
方格筆記本

現在就翻開內文，立刻對照範例練習！

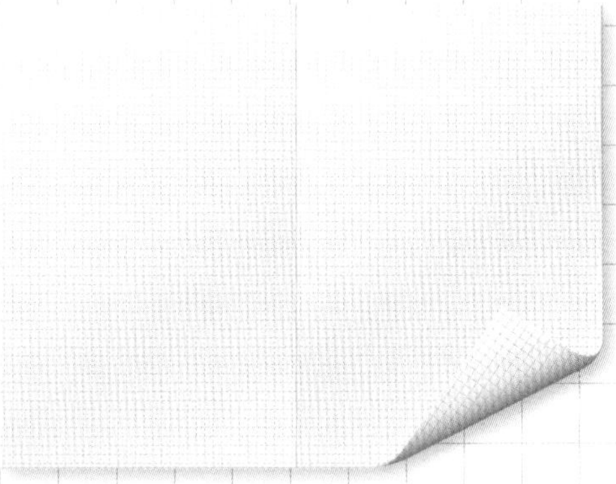

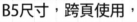

B5尺寸，跨頁使用，
可以容納龐大學習的知識與資訊，在廣闊的空間盡情發揮！
堅實100磅筆記用紙，滑順好寫，保證不滲透！

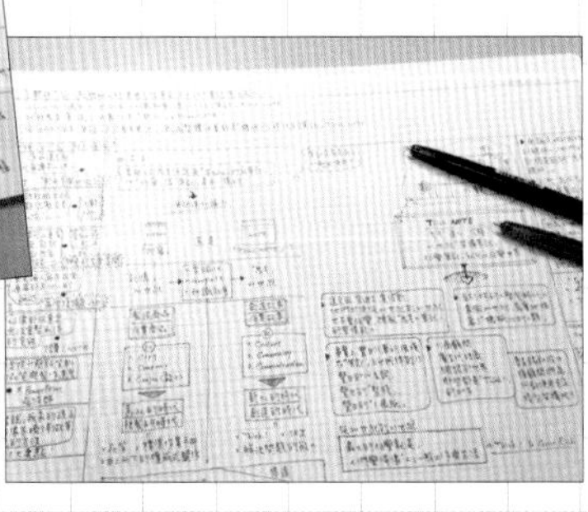

Eurasian Publishing Group
圓神出版事業機構
用心與你對話・網野無限寬廣
方智出版社
Fine Press
http://www.booklife.com.tw reader@mail.eurasian.com.tw
生涯智庫 133

【圖解範例版】爲什麼聰明人都用方格筆記本？
（加碼送B5方格筆記本）

作　　者／高橋政史
譯　　者／謝敏怡
發 行 人／簡志忠
出 版 者／方智出版社股份有限公司
地　　址／台北市南京東路四段50號6樓之1
電　　話／（02）2579-6600・2579-8800・2570-3939
傳　　真／（02）2579-0338・2577-3220・2570-3636
郵撥帳號／13633081　方智出版社股份有限公司
總 編 輯／陳秋月
資深主編／賴良珠
責任編輯／柳怡如
中文手寫字／林雅萩
美術編輯／王琪
行銷企畫／吳幸芳・荊晟庭
印務統籌／劉鳳剛・高榮祥
監　　印／高榮祥
校　　對／賴良珠
排　　版／陳采淇
經 銷 商／叩應股份有限公司
法律顧問／圓神出版事業機構法律顧問　蕭雄淋律師
印　　刷／國碩印前科技股份有限公司
2015年8月　初版
2020年8月　50刷
ZUKAI ATAMAGA IIHITO WA NAZE HOUGAN NOTE WO TSUKAUNOKA?

定價 320 元　　ISBN 978-986-175-399-7

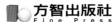

你本來就應該得到生命所必須給你的一切美好！
祕密，就是過去、現在和未來的一切解答。

——《The Secret 祕密》

國家圖書館出版品預行編目資料

【圖解範例版】為什麼聰明人都用方格筆記本？（加碼送B5方格筆記本）
／高橋政史 著；謝敏怡 譯. -- 初版. -- 臺北市：方智，2015.08
112面；18.1×25.6公分. --（生涯智庫；133）
ISBN 978-986-175-399-7（平裝）
1.筆記法

019.2 104011036